괜찮아, 서른다섯

늦어서 더 매력적인 그녀의 사랑 만들기
괜찮아, 서른다섯

초판발행 2013년 2월 5일
지은이 이수연
펴낸이 장병주
펴낸곳 예책
등록번호 제 17-311호
주소 서울시 서초구 서초동 1628-62 거송빌딩 205호
영업부 02-3489-4300
출판부 02-6401-2657
FAX 02-3489-4309

책 값은 뒤표지에 있습니다.
ISBN 978-89-98300-00-5   03230
편집부에서 독자의 의견을 기다립니다.
21cbooks@naver.com

괜찮아, 서른다섯

늦어서 **더** 매력적인 그녀의 **사랑 만들기**

이수연 지음

Contents

들어가기
서른다섯, 최고의 순간에 찾아온 사랑 10

PART 1

오래된
낡은 생각
버리기

chapter 01 이젠 '평생 솔로'를 준비할 나이 18
chapter 02 지독한 '솔로증후군' 감염자 28
chapter 03 내가 돌싱녀보다 편하지 않은 여자라고? 36
chapter 04 나는 無매력녀 '모태 솔로' 42
chapter 05 결혼은 미친 짓이다 52
chapter 06 좋은 남자보다 자존심이 먼저 58
chapter 07 나는 늘 차이기만 하는 슬픈 운명 68
chapter 08 내 인생에 그만한 남자는 또 없을 거야 76

PART 2

버리지 못한
숨은 욕심
내려놓기

chapter 09 배우자 쇼핑 리스트는 이제 버려 82
chapter 10 ♬10점 만점에 10점~ 그런 게 어디 있을까 90
chapter 11 남자가 인생로또는 아니잖아 98
chapter 12 '배우자기도' 그래도 해야 하는 이유 104
chapter 13 욕심을 버리면 좋은 남자가 보여 112
chapter 14 고수는 사람을 보고, 하수는 돈을 본다 120
chapter 15 폼생폼사가 그렇게 좋아? 128

PART 3

나쁜 남자 골라내기

chapter 16 '진짜' 나쁜 남자 vs. '가짜' 나쁜 남자 140
chapter 17 연애선수男 vs. 연애초보男 148
chapter 18 쫀쫀한 남자 vs. 헤픈 남자 154
chapter 19 날 안달 나게 하는 남자 vs. 나에게 안달 난 남자 160
chapter 20 연상남 vs. 연하남 168
chapter 21 날 사랑하는 남자 vs. 스킨십을 사랑하는 남자 174
chapter 22 크리스천 vs. 난크리스천 182

PART 4
매력적인
그녀의
사랑 만들기

chapter 23 글로 배운 연애 성공기 190
chapter 24 남자들이 어린 여자를 좋아하는 이유 196
chapter 25 남자들이 생각하는 예쁜 여자란? 202
chapter 26 소개팅에도 전략이 필요하다 210
chapter 27 사랑을 만드는 레시피 220
chapter 28 상대방을 안달 나게 하는 치명적인 방법 228
chapter 29 사랑을 쫀득하게! 밀당의 기술 234
chapter 30 남자를 길들이는 비법 244
chapter 31 둘 사이에 비밀을 만들지 않는 방법 250

PART 5

男과女,
상상과 현실의
틀린 그림 찾기

chapter 32 야무진 그 이름 '아줌마' 258
chapter 33 넝쿨째 굴러온 시댁, 어떻게 할까요? 264
chapter 34 사랑은 같은 방향을 바라보고 걷는 것 272

마무리 수다
그대의 봄날, 이제 시작이다 278

서른다섯,
최고의 순간에 찾아온 사랑

얼마 전 친한 후배가 전화를 걸어 목소리를 착 가라앉힌 채 물었다.
"언니, 언니는 서른다섯 살 때 행복했어?"
'헉! 앞뒤 다 잘라먹고 웬 행복 타령?' 진짜 뜬금없는 질문이었다.
"너, 왜 그래? 뭔 일 있어?"
황당해하는 내 반응에 그 아이는 동문서답했다.
"하긴, 언니는 행복했을 거야. 그때 결혼하고 애도 낳았으니까…."
'그랬구나, 그랬던 거구나. 그 아이의 행복 타령엔 '결혼'이라는 얄궂은 문제가 끼어 있었던 거구나.'
그 아이, 지금 딱 서른다섯이다. 삼십대 중간으로 딱 꺾인 올봄부터 부쩍 우울해한다. 우울만 하면 다행이게! 사소한 일에도 찔끔 주책없이 눈물부터 흘린다. 그 흔한 남자친구도 없고, 하는 일도 가끔씩 꼬이고, 그렇다고 모아 놓은 돈이 많은 것도 아니고, 이러다가 영영 혼자 외롭게 사는 게 아닌지 걱정도 되고, 대체 삼십오 년 동안 열심히 산 결과가 이거란 말인가 싶어 갑자기 사춘기 소녀처럼 앓고 있다는 고백이었다. 주변의 결혼한 유부녀들이 생활에 찌들어 꼬질꼬질하고, 자식들이 속 썩인다고 투덜대는 것조차 다 부럽다고 했다.

여자, 서른다섯.

내 주변의 지인들을 봐도 그렇고 후배를 봐도 그렇고 제2의 사춘기라고 부를 만큼 고민이 많은 때인 것 같다. '결혼, 언제든지 할 수 있어!'라고 자신만만해하던 20대를 넘기면 삼십대는 눈 깜짝할 사이에 지나가서 억울하게도 '결혼, 안 한 것'이 아니라 '결혼, 못 한 것'이 되고 마는 이래

저래 심란한 때다. 그런데 가만히 생각해 보면 서른다섯, 결혼이라는 것만 빼면 그렇게 초라한 때가 아니다.

대학을 졸업해서 직장에 들어간 지 어느덧 10여 년. 이제는 제법 아랫사람도 있고 나름 위치도 잡았다. 세상 돌아가는 이치도 알고, 경제적으로도 여유 있고, 자기관리 열심히 해서 쭉쭉빵빵은 아니지만 봐줄 만하고, 어디 가도 빠지지 않는 유머감각도 있다. 앞으로 승승장구할 일만 남았다.

어떤가? 여자 서른다섯, 인생 최고의 순간이 아닌가? 단 하나, 결혼이 발목 잡고 있을 뿐인데 이것도 당신의 반쪽을 찾기만 하면 끝이다. 이십대의 무기가 젊음이라면 삼십대의 당신에겐 연륜과 성숙미, 사회적 위치가 있지 않은가. 그러니 심란해하지 말기 바란다.

그럼에도 현실은 자꾸 골드미스들을 주눅 들게 만든다. 얼마 전 한 신문에 이런 기사가 났다.

"2012년 6월에 공개된 통계청 자료에 의하면, 현재 30대 후반(35~39세) 미혼여성들 중 50대 이전에 결혼할 확률은 10명 중 2.7명에 불과한 것으로 조사됐다. 30대 후반 미혼여성 중 72.8%가 50세까지 결혼을 못할 것이라는 분석이다. … 뿐만 아니라 30대 초반 나이대의 여성들 중 29%인 53만 4,000명이 결혼하지 않은 상태이며, 50대를 넘어서도 22만여 명이 결혼하지 않을 것으로 추산됐다. 이는 30대 초반의 여성 8명 중 1명, 즉 12.1% 가량이 평생 미혼으로 산다는 뜻이다."

통계청에서 할 일도 없는지 별 통계를 다 낸다 싶지만 숫자를 들이대며 협박(?) 아닌 협박을 하니 간이 좁아드는 것 같다. '나는 과연 저 결혼하는 2.7명에 들 것인가'라는 생각이 들기 시작하면 밤에 잠이 안 온다.

혹시, 이 책을 펼쳐 든 그대도 지금 인생 최고의 시기인 서른다섯을 지나면서 제2의 사춘기를 앓고 있지 않은가? 하지만 결론부터 말하면 괜찮다. 진짜 괜찮아! '결혼=행복'이라는 공식은 세상 어디에도 없다.

그러니까 결혼 안 했다고 불행하고, 결혼했다고 행복한 게 아니란 말씀. 지금까지 내내 불행하다가 결혼하는 순간부터 갑자기 행복해지지 않는다는 말이다. 결혼은 시작부터 행복이 아니라 누군가와 함께 행복을 완성해 가는 과정이다. 어쩌면 그 과정이야말로 행복일 수 있다. 그런데 누군가에게는 그 과정이 불행이고, 위기이고, 고난일 수 있다. 그러므로 행복해지려고 결혼하지 말고 먼저 행복해지고 나서 결혼하라고 말하고 싶다. 그런 의미에서 지금 최고의 시기를 지나는 그대는 행복해야 한다.

자, 이제부터 밑줄 쫙~!

이 시점에서 중요한 건 행복을 함께 그려 나갈 그 '누군가', 그것도 팬찮은 '누군가'를 어떻게 만날지 고민하는 것이다. 일찍 만나고 늦게 만나고는 중요하지 않다. 괜찮은 녀석을 잘 만나야 하는 게 포인트다. 아무리 일찍 결혼해도 '누군가'를 잘못 만나면 지지고 볶느라 행복할 겨를이 없다. 다시 정리하면, 결혼이 남들보다 몇 년 뒤졌다고 게임 끝난 게 아니란 얘기다. 인생을 길게 놓고 보면 결혼 5~6년 뒤진 거? 그거 별거 아니다. 아직 스타트 라인에서 달린 지 얼마 안 된 초반부다. 그러니 신발 끈 다시 매고 신나게 달려 나가면 된다. 그러면 저 어디쯤엔가 당신의 반쪽도 바통을 들고 당신을 마중 나와 있을 것이다.

다만 제대로 된 남정네를 만나기 위해선 '그까이꺼 대충~' 하는 마음으로 쉬엄쉬엄 달려선 안 된다. TV의 침대 광고처럼 하늘에서 멋진 남정네가 툭 떨어지는 꿈같은 일은 현실에서 절대 일어나지 않는다. 사업 성공이나 시험 합격을 원할 때 운만으로 안 되는 것처럼 결혼도 성공시키려면 노력과 관리가 절대적으로 필요하다. 스스로를 관리하지 않고 무작정 배우자를 만나게 해달라고 바란다면 정작 기회가 와도 잡을 수 없다. 때문에 당신은 좋은 운동복에 좋은 운동화, 무엇보다 좋은 모습으로 열심히 달려야 한다. 안 그러면 당신과 함께 달리던 다른 여자가 그를 먼저 낚아챌지도 모른다.

그렇다면 그대가 원하는 남정네는 어떤 사람인가?

그대는 결혼에 대해 어떤 그림을 그리고 있는가?

열심히 달리면서도 이 질문에 대한 답을 곰곰이 찾길 바란다. 괜히 열심히 달려 놓고 엄한 녀석을 만나면 안 되니 말이다.

자, 이제 그대의 멋진 반쪽을 바라보며 달릴 준비가 되었는가? 그럼 지금부터 달려 보자. 이 책은 신나게 달리고는 싶은데 어떻게 해야 신나게 달리는 건지 잘 모르는 그대들에게 조금이라도 도움이 되고 싶어서 쓰게 되었다. 언니로서 그대들에 대한 응원의 마음을 듬뿍 담았다.

2012년 12월

_이 책의 어느 한 구절에서라도 그대가 위로 받고 기운 내기를 바라며.

핑크빛

연애 모드로

가는 데 있어

거치적거리는

장애물들은

과감하게 버려

그대는

여전히 괜찮은

사람인데도 불구하고

그것들 때문에

스스로를

어둠에

가두어 버리면

안 돼!

PART 1

오래된
낡은 생각
버리기

Chapter 1

이젠 '평생 솔로'를 준비할 나이

우선 그대의 현재 마음 상태부터 짚어 본 후 이야기를 시작하자.

Q 현재 '결혼'에 대한 당신의 속마음은?
 1 남자가 생기면 하구 아니면 말구… 에잇, 될 대로 돼라!
 2 언제 어디서 남편감을 만날지 모르는 법! 긴장의 끈을 놓지 않고 주변 남정네들을 샅샅이 살피고 있다.

얼마 전 인터넷에서 이런 글을 봤다

여자 나이…

스물아홉은 이십대의 마지막으로 다가올 서른을 한탄하는 나이.

서른은 슬슬 나이를 부정하기 시작하는 나이.

서른셋은 스스로 동안이라고 위로하는 나이.

서른다섯은 예의상이라도 어려 보인다고 꼭 칭찬해 줘야 하는 나이.

서른일곱은 더 이상 집안에서 결혼 얘기를 하지 않게 되는 나이.

가벼운 우스갯소리 같지만 그렇다고 다 틀린 말 같진 않다. 특히 서른일곱 살에 대한 부분이 더 그렇다. 내 주변의 싱글녀들은 대부분 이런 증상을 보이기 때문에 어느 정도 일리 있는 말 같다. 삼십대 중반을 넘어서면 결혼에 대한 관심사와 흥미가 급격히 줄어들면서 남정네가 아닌 일이나 취미로 고개 돌리는 것을 많이 목격했기 때문이다. 그것도 '기꺼이'가 아닌 '애써' 또는 '어쩔 수 없이' 말이다. 아마도 결혼을 포기하는 마음이 스멀스멀 올라오면서 그러는 것 같다.

그러니 통계청 자료에 나올밖에. 아직까지 결혼하지 않은 서른다섯 여자 중에서 쉰 살이 될 때까지 결혼할 사람은 세 사람도 채 되지 않는다고 하지 않는가? 서문에서 밝힌 통계청 자료를 보면서 혹시 눈앞이 깜깜해지지 않았는가? '맞다, 맞아. 그럼 그렇지. 나라고 별 수 있겠어' 하면서 급 우울해하고 있지는 않는가? 자, 이쯤에서 콕 집어 말하고 싶다.

"전혀 그럴 필요 없다!"

나이 받침에 'ㅅ'이 들어갈 때까진 30대지만 'ㅂ' 받침부터는 40대와 동급이라나 뭐라나 하는 기분 나쁜 농담들도 있지만 자, 이런 얘기들은 한 귀로 듣고 한 귀로 쏙 흘려버리자. 괜히 이런 영양가 없는 얘기들에 현혹(?)되어 '포기'해서 그렇지 산뜻한 마음가짐만 가진다면 젖비린내 나는 어린 것(?)들보다 삼십대 중후반의 여자들이 훨씬 더 농염(한껏 무르익은 아름다움)한 게 사실이니까 말이다.

서른 살 딸을 둔
엄마의 불편한 진실

나 역시 노처녀였던 시절이 있다. 지금으로부터 10년 전, 내가 딱 서른 살이던 어느 날의 기억이다. 지금부터 이어지는 이야기는 10년 전임을 감안해야 한다. 당시 여자 나이 서른이면 심정적으로 지금의 서른너덧쯤 되지 않을까 한다.

어느 날 엄마랑 시장을 갔다가 돌아오는 길에 같은 아파트 단지에 사는 아줌마를 만났다. 엄마와 아줌마는 오랜만에 만났는지 아주 반가워하며 서로의 근황 토크를 시작했다.

"어머, 오랜만이네."

"그르게요. 딸이랑 시장 갔다 오시는구나."

"응. 정아엄마, 딸이 대학교 졸업했나?"

"진작에 졸업했죠 걔가 벌써 스물일곱 살이잖아요."

"아, 벌써 그렇게 됐어? 세월 빠르네."

"그니까요. 그리구 걔 오빠, 우리 정수가 올해 결혼해요. 걔가 벌써 서른이잖아요."

"아, 그래? 잘됐네. 축하해."

거 참, 엄마들이란…. 장바구니 때문에 양팔이 떨어져 나갈 것 같은데, 두 어머니들의 근황 토크는 끝날 줄 모르고 이어졌다. 그때, 갑자기 아줌마가 날 위아래로 훑어보며 물었다.

"아, 참! 아줌마네 딸두 결혼할 때 됐죠? 몇 살이더라?"

당황한 우리 엄마, 갑자기 이상한 대답을 한다.

"아~ 우리 애? 올해 스물여덟! 얘두 조만간 결혼해야지."

뭣이라? 엄마의 대답이 강력한 어퍼컷이 되어 내 머리를 쿵 하고 때렸다. 아니, 내 나이 서른인데 왜 두 살을 빼고 얘기하는 거지? 순간 어이가 십 미터 밖으로 사라져 버리는 것 같았다.

'대체 왜 내 나이를 두 살 깎는 거지? 설마 내 나이가 부끄러워서?'

'난 스물여덟이 아니라 서른이다! 확 정정해 버릴까?'

그 짧은 순간 별별 생각이 다 들었지만 차마 우리 엄마를 거짓말쟁이로 만들 수 없어서 입을 꽉 다물었다. 하지만 속에선 화가 부글부글 100℃ 이상으로 끓고 있었다. 아줌마와 헤어진 후 현관문을 열고 들어오자마자 꾹 눌렀던 화가 뻥 터져 버렸다.

"엄마! 내가 스물여덟이야? 엄만 딸 나이두 몰랐어? 왜 거짓말해?"

"그게 무슨 그렇게 큰 거짓말이야? 니가 스물여덟인지, 서른인지 알게 뭐야. 겨우 두 살인데 뭐 어때서 그래? 그리고 니가 서른인데 아직 결혼도 안 하고 있다고 하면 네가 무슨 문제 있는 애 같잖아. 남들한테 굳이 그렇게 보일 필요가 뭐 있어, 안 그래?"

엄마의 '문제 있는 애'라는 단어에 다시 한 번 발끈해서 폭발하고 말았다. 아마 엄마랑 지낸 30년 동안 가장 큰 소리를 냈던 것 같다.

"엄만 내가 창피해? 서른 살이나 된 게 애인도 없이 이러구 있는 게 창피하냐구? 서른이 무슨 죄야? 결혼을 꼭 빨리 하란 법 있어? 우리 딸은 자기 일 하느라 바빠서 아직 결혼을 못했다, 요새 젊은 애들이 자기 일 좀 하구 결혼해야 안 억울하지 않겠냐, 세상이 변해서 요즘 서른은 아직 애다, 이렇게 왜 말 못하냐구! 굳이 딸 나이를 20대로 속여야 되겠어? 내가 부끄러워? 엉? 그 아줌마네 집 몇 호야? 나 그 아줌마 찾아가서 스물여덟 살이 아니라 서른 살이라구 말할 거야!"

엄마한테 입에서 나오는 대로 퍼부어 대고는 방문을 쾅! 그때부터 펑펑 울기 시작했다. 서른 살 된 딸을 노처녀라고 치부해 버린 엄마한테 너무나 화가 났다. 엄마가 날 그렇게 생각하고 있을 줄은 정말 몰랐다. 엄마가 속인 숫자는 비록 두 살이지만 그렇게 행동한 엄마의 속마음이 섭섭했다. 엄마가 날 '서른인데도 혼자인 문제 있는 딸, 그래서 남들한테 창피해'라고 생각하는 것 같아 충격이었고, 끓어오르는 화를 참을 수가 없었다. 방문 밖에서 엄마가 얘기했다.

"아니, 겨우 두 살 가지구 왜 그래?"

다시 악을 써대며 엄마한테 소리쳤다.

"엄마가 날 평소에 어떻게 생각했길래 그래? '내 딸은 삼십대에 접어들었지만 괜찮은 여자니까 곧 좋은 남자 만날 거야' 이렇게 생각했다면 나이 같은 거 속이지 않았을 거 아냐! 내가 못났구, 매력 없어 보이구, 노처녀로 늙을 거 같고, 자신 없으니까 그런 거짓말한 거 아니냐구! 내가 자랑스러웠으면 왜 속이겠어? 엄마가 날 부끄러워하는 거잖아!"

그렇게 소리를 지르는데도 엄마는 아무 말도 하지 않았다. 아마 내가 입은 상처를 알아채고 당신이 실수했다고 생각하는 것 같았다. 엄마는 그 후 며칠간 나를 대하는 것이 아주 조심스러웠다. 그 사건 이후로 내 머릿속엔 결혼에 대한 온갖 것들이 떠올랐다. 그것도 진지하게.

'서른 살이면 진짜 노처녀 대열에 들어가는 걸까?'
'나는 어떤 남자를 언제, 어디서, 어떻게 만나게 될까?'
'아직 애인이 없다는 건 내가 매력이 없어서 그런 걸까?'
'결혼, 남자, 매력, 내 조건, 이상형, 소개팅, 고백….'

결혼과 관련된 키워드들이 꼬리에 꼬리를 물며 떠올랐다. 하지만 오만 가지 생각을 한다고 알라딘 램프의 지니처럼 짠 하고 남편감이 나타나는 게 아니지 않은가.

내가 10년 전의 구닥다리 같은 이야기를 꺼낸 것은 지금 그대의 마음이 그때 내 마음과 같을 수도 있다고 생각하기 때문이다. 나이는 이미 삼십 줄을 훌쩍 넘었고 애인은커녕 좋다고 쫓아다니는 남자 하나 없다고 실망되는가? 하지만 기죽지 말라. 당신에게는 당신만의 향기가 분명 있다. 다만 당신의 반쪽이 아직 그 향기를 맡지 못했을 뿐이다.

그 사이 나는 내 향기에 반한 남자와 결혼하고 아이도 둘이나 낳았다. 그러니 자신 있게 말할 수 있다. 지금 그대가 아직 싱글인 건 그대의 반쪽이 그대의 향기를 맡을 수 없을 만큼 멀리 떨어져 있거나, 코가 막혀있기 때문이다. 반쪽이 멀리 있는 거라면 그대가 좀 더 적극적으로 찾아다니면 된다. 지금까지 안주하고 있던 울타리를 벗어나 이곳저곳 좀 더 부지런히 찾아다녀 보자. 만약 반쪽의 코가 막힌 거라면 '뚫어 뻥'을 선물해서라도 그의 코를 뚫어 주면 된다.

어쩌면 이도저도 아니고 그대의 문제일 수도 있다. 그대의 반쪽이 이미 그대 옆에서 킁킁거리고 있는데 그대가 눈치를 못 채고 있는 것일 수도 있다. 그러니 눈을 크게 뜨고 코를 벌름거리는 남자를 주시하자. 그것도 아니라면 그대의 향기를 밖으로 내뿜지 못하도록 그대가 스스로를 꽁꽁 싸매고 있는지도 모른다. 만일 그렇다면 그대를 싸매고 있던 것들을 풀어 버리면 된다.

그대는 이중 어떤 경우에 속하는가? 지금 내가 그대의 타입을 진단해줄 수는 없다. 다만 한 가지는 장담할 수 있다. 이 책을 읽는 동안 그대가 스스로 그 답을 찾게 되리라는 것이다. 그게 뭔지 마구마구 궁금해지지 않는가? 책을 덮는 순간 그 대답을 찾아낼 걸 생각하면 심장이 콩닥거리지 않는가?

    그러니 더 이상 지체하지 말고 솔로항에서 결혼항으로 건너가기 위한 여정을 시작해 보자. 신나게 렛츠고다.

그때 그렇게 화가 났던 건 나 스스로도 노처녀라고 생각했다는 것,
그리고 다른 누구도 아닌 엄마가 건드린 그 상처가 더 아팠기 때문이기도 하다.
하지만 하나는 확실하다.
그대의 향기를 좋아할 그대의 반쪽은 반드시 나타난다는 거!

서른일곱은
더 이상 집안에서
결혼 얘기를 하지 않게 되는
나이.

Chapter 2

지독한 '솔로 증후군' 감염자

어떤 남정네가 무거운 걸 들어 주거나 문을 열어 주는 등 조금만 잘해 줘도 '어머, 이 사람 나한테 관심 있는 거 아냐?' 하면서 김칫국부터 마시는가? 인터넷에서 '남자한테 잘 보이는 법', '연애 성공 비법' 같은 기사를 보면서 밑줄 쫙 그어 가며 꼼꼼히 공부하고 있는가? 드라마 보다가 남자 주인공이 여자 주인공한테 프러포즈하면 나도 모르게 "저도 좋아요"라고 속으로 대답하는가? 친구가 애인 문제로 상담하면 "무조건 헤어져" 하며 이별을 부추기는가?

　싱글인 그대, 옆에 볼펜이 있다면 슬그머니 들어 보시라. 그리고 다음 여러 가지 상황 중에서 해당하는 보기에 체크해 보시라.

○ 모든 이성에게 관심이 간다.

○ 이성과 눈만 마주쳐도 혹시 나한테 관심 있나 착각하게 된다.

○ 혼자서도 뭐든지 척척 해낸다(쇼핑, 극장 가기, 밥 먹기, 여행 등).

○ 상대를 보는 눈이 까다로워진다.

○ 외모에 신경을 안 쓰게 된다.

○ TV 프로그램, 드라마, 만화, 비디오 등을 줄줄 꿰고 있다.

○ 휴대폰 요금이 반으로 줄어들었다.

○ 작은 일에 소심하고 부정적인 시각을 갖는다.

○ '보고 싶다 자기야', '사랑해' 등의 말을 들으면 닭살이 돋는다.

○ 일도 열심히, 사역도 열심히. 일하는 시간이 점점 더 늘어난다.

○ 이성만 봐도 떨려서 눈도 못 마주친다.

○ "난 독신주의자야"라고 마음에도 없는 말을 한다.

○ 괜히 강아지를 키우고 싶어진다.

○ 혼자 밥 먹기 싫어서 무조건 밥시간에 약속을 잡는다.

○ 짝짓기 프로그램이 짜증 난다.

○ 이성에 대한 편견이 심해진다.

○ 남의 일에 사사건건 관심을 가지고 간섭하게 된다.

○ 각종 모임을 주도하고 총무, 팀장 등의 직분을 맡는다.

○ 돈 쓸 데가 없어 저축이 는다.

'아니, 다짜고짜 앞뒤 설명 다 잘라 버리고 웬 체크?'

이렇게 생각한다면 그 궁금증, 바로 풀어 드리겠다. 위의 보기들은 예전에 SBS-TV〈야심만만〉이란 프로그램에서 '어떤 질문'에 대한 만 명의 대답들이었다. 그렇다면 '어떤 질문'이 무엇이냐? 바로 "솔로 생활을 오래하다 보면 생기는 증상은?"이다. 그중 제일 위의 다섯 개가 바로 1위부터 5위까지를 차지한 대답이었다.

자, 체크해 보니 어떤가? 그대는 몇 개에나 동그라미를 그렸나? 체크하면서 지금까지 몰랐던 자신의 모습을 발견하고 놀랐는가? 어쩌면 거의 대부분에 동그라미를 해서 기겁을 했는지도 모르겠다. 이왕 하는 김에 다음 '솔로의 5단계' 중에도 자신이 해당하는 란에 동그라미를 쳐 보자. 얼마 전에 화제가 되어 뉴스에까지 오른 내용이다.

- 1단계 **설마기** 아직은 싱글이 자유롭게 느껴진다.
- 2단계 **아차기** 설마설마 하다 정신 차려 보니 20대 후반이다.
  아차 싶은 게 불안해지기 시작한다.
- 3단계 **분노기** 아차가 분노로 바뀌어 커플들의 행동이 미워지기
  시작한다.
- 4단계 **명랑기** 분노가 사라지면서 갑자기 명랑해진다.
  너무 울다가 실성해서 웃는 경우와 같다고 하겠다.
  싱글 생활을 즐기기 시작한다.
- 5단계 **득도기** 갑자기 차분해지면서 해탈의 경지에 이른다.

자신의 문제점을 알고 부질없는 노력을 거둔다.
아직 깨닫지 못하고 운명적인 사랑을 바라는
수많은 어리석은 솔로들에게 나아갈 길을 제시한다.

그대는 지금 어느 단계에 해당하는가? 혹시 3단계 분노기를 지나 4단계 명랑기쯤에 해당하는가? 솔로로 지내다 보면 가랑비에 옷 젖듯이 저절로 솔로 생활에 빠져드는 것 같다. 점점 익숙해지고 편안해지는 것이다.

내게도 연애를 안 하고 지내던 몇 년간이 있었다. 그 몇 년간 나는 보고 싶은 뮤지컬, 영화, 각종 전시회, 공연 등을 보러 다니는 것은 물론 평소 배우고 싶던 것들을 배우며 알찬 싱글 생활을 즐겼다. 힙합 댄스를 배우기도 했는데 좀 노는(?) 중·고생들에 끼여 몸이 안 따라 주는 춤을 땀을 뻘뻘 흘리며 따라 추었다. 어느 날 우연히 춤추는 나를 거울로 보고는 참 가관이다 싶었다. 그래도 배운다는 것, 도전한다는 것은 참 뿌듯한 일이었다.

반면에 애인이 있으면 어떤가? 그녀는 로맨틱 코미디가 보고 싶은데 그는 액션을 보고 싶어 하고, 그녀는 바다로 놀러 가고 싶은데 그는 산으로 가자 하고, 뭔가를 배우고 싶어도 데이트하느라 짬을 낼 수 없고, 사사건건 서로를 맞추느라 아까운 에너지를 낭비하지 않던가?

나는 이런 상반된 두 상황을 비교하면서 솔로의 시간은 자기 발전을 할 수 있는 기회라고 생각하며 스스로를 위로하곤 했다.

4단계 '명랑기'의
매우 명랑한 솔로들

내 주변에 삼십대 후반의 싱글녀들도 "솔로가 더 좋아"라고 쏘쿨~ 하게 말한다. 주로 작가 친구와 후배들인데(선배도 간간이 있긴 하다) 입술은 결혼하고 싶다고 말해도 가만히 살펴보면 그녀들의 머릿속엔 '결혼'은 온데간데없고 온통 다른 생각들로 가득 차 있다. 일단 주변의 올드미스가 하도 많아서 자신이 특별한 부류라고 생각하지 않는다. 게다가 여전히 열정적으로 일을 하기 때문에 연애를 안 해서 심심하거나 외롭지 않다.

결혼해서 아이를 둔 유부녀 작가들은 빨리 퇴근해서 자녀를 돌봐야 하는 등 걸리는 일이 많지만 싱글들은 그런 제약이 없으니 오히려 일에 더 매진할 수 있어서 좋다고 생각한다. 그대도 여기에 공감할지 모르겠다. 4단계 명랑기라면 말이다.

집에선 결혼하라고 재촉하지만 밖에 나오면 의외로 올드미스들이 많아서 괜찮다거나 일도 해야 하고, 사역도 해야 하고, 외롭기는커녕 오히려 몸이 두 개라도 부족할 지경이라고 생각할지도 모른다. 그래서 연애를 오히려 시간 낭비라고 생각하거나 주말에 연애하느라 청년부 수련회에 빠지는 자매들을 보면서 안타깝다고 생각할지도 모른다. 연애 때문에 사역에 소홀해지는 것을 하나님께 큰 죄를 짓는 거라고 위안하면서 말이다.

남자는 이번 주가 아니면 다음 주에 만나도 된다고 생각하기 때문에 누군가 소개팅 제안을 해도 청년부 일이랑 겹치면 과감히 소개팅을 내려놓는 결단성도 보여 준다. 그럼에도 불구하고 매주 주보에 실리는 결혼 소식을 볼 때마다 쿨~이 아니라 꿍~ 하게 변하지 않는가? 남들은 반쪽을 만나서 결혼하는 게 참 쉬워 보이는데, 왜 나만 그게 이렇게 어려운 것인지 답답해하면서 말이다.

그렇다면 곰곰이 생각해 보자. 솔로 생활이 마치 몇 년 입어서 늘어난 면티 같아서 김칫국물 흘러도 괜찮고, 방바닥에서 뒹굴거리기에도 너무 편한데 왜 굳이 새 옷으로 갈아입어야 하나 싶지 않은가? 누군가 당신 삶에 굳이 비집고 들어오는 것이 불편하지 않은가?

캐주얼한 옷차림으로 편안한 사람들만 만나면 되는데 굳이 새로운 사람을 만나서 허리띠 졸라매며 긴장해야 하는 게 거추장스럽다고 생각하지 않는가? 머리로는 멋진 남정네 만나 하루빨리 연애하고 싶다고 생각하지만 몸은 지금의 편안한 생활에 안주하고 싶어 하지 않는지 한번 생각해 보기 바란다.

새로운 사람, 새로운 자리, 뭐든 새로운 걸 시작하려면 신경을 팽팽하게 곤두세워야 한다. 새로운 남정네를 만나는 거 생각만 해도 좋다. 하지만 그와 동시에 통성명을 하고, 서로의 감정을 숨긴 채 밀당을 하고, 약간의 내숭도 떨며, 행동거지도 조신한 척해야 한다는 거, 생각만 해도 갑자기 머리가 지끈거리는가?

고무줄 바지에 고무줄로 머리 질끈 묶고 양푼에 쓱싹쓱싹 밥 비벼서 양껏 먹으면 좋으련만 굳이 예쁜 원피스 차려입고 평소 소화량의 70%로 양 조절까지 하며 한껏 조신하게 먹는 일이 짜증 나는가? 서로의 감정을 확인하기까지 찔러 보고, 간 보고, 밀당하는 단계 없이 곧바로 '아잉~ 자기야' 하고 맘껏 콧소리 내는 단계로 순간 이동했으면 좋겠다고 생각하는가?

모든 걸 조심해야 하는 첫 단계가 생각만 해도 피곤해지는가? 그렇다면 당신은 확실히 4단계 명랑기 어느 언저리에 있는 게 분명하다. 하지만 금방이라도 툭 하고 끊어질 듯한 팽팽한 긴장감 뒤에는 핑크빛 사랑에 대한 설렘과 기대감이 있음을 잊지 말기 바란다. 불편한 이 첫 단계를 거쳐야 핑크빛 사랑 모드로 돌입할 수 있는 것이다. 목이 이만큼 늘어난 면티는 이제 그만 벗어던지고 예쁜 새 옷으로 갈아입을 준비를 하자.

여기에 하나 더 덧붙인다면, 연애하고 결혼하고 아이 낳고 살다 보면 첫 단계의 그 알싸한 긴장감, 짜릿한 설렘이 그리워질 때가 있다. 그러니 새로운 누군가와 만나는 일이 긴장되고 불편하고 피곤하다고 해서 외면하지 말고 그 시간을 기꺼이 즐기기 바란다. 제발 편안하기만 한 솔로 생활에 안주하려 하지 말라.

그래, 솔로에 잘 적응해서 사는 화려한 싱글들이 멋있기도 하지.
하지만 딱 그때뿐이야. 솔로에 너무 익숙해지지 마.
솔로는 단지 그대가 가장 아름다워져 가는 과정 중 하나일 뿐이야.

Chapter 3

내가 돌싱녀보다 편하지 않은 여자라고?

얼마 전 결혼정보회사에서 36~43세 미혼 남성 600여 명을 대상으로 설문조사를 했다.

 Q 결혼 상대자로 당신은 누굴 선택하겠는가?
  1 노처녀가 더 낫다.
  2 돌싱녀가 더 낫다.

만약 그대가 남정네 입장이라고 가정하고 선택한다면? 이왕 비슷한 나이라면 돌싱녀보단 초혼인 노처녀가 더 낫겠지 싶어서 그대는 아마도

1번 노처녀를 선택했으리라. 그리고 당연히 1번에 대한 지지율이 압도적으로 높을 것이라고 생각할 것이다. 그런데 결과는 우리의 예상을 철저히 비껴갔다.

놀랍게도 남정네의 42.7%가 돌싱녀를 선택했다. 대체 그 이유가 뭘까? 남정네들의 대답은 이랬다. 결혼을 앞둔 미혼 남성들은 노처녀는 배우자에 대한 조건이 까다롭고 성대한 결혼식을 원하기 때문에 부담스럽다고 했다. 반면에 돌싱녀는 배우자 조건도 상대적으로 덜 까다롭고 배려심도 높아 편하다고 했다. 그래서 노처녀보다는 돌싱녀가 더 좋다는 것이다.

42.7%의 남정네들의 생각은 맞을 수도 있고 아닐 수도 있지만 그런 조사들이 발표될 때마다 괜히 심정적으로 불편(?)해진다. 그래서일까 아무 잘못도 한 적 없건만 명절이면 일가친척들 만나기가 싫어진다.

"너 애인 아직도 없니?"

"대체 결혼은 언제 할래?"

"여자는 특히 아이 때문에 결혼이 늦으면 안 되는데… 쯧쯧…"

눈만 마주치면 0.1초의 틈도 주지 않고 이렇게 물어보는 통에 명절이 즐거울 리 없다. 그냥 입이 심심해서 부침개 하나 집어먹다가 어른들 눈에 띄어 이런 말 들으면 정말이지 목에 걸려 체증이 좀처럼 사라지지 않는다.

친척 어른들은 걱정하는 마음에 물어보는 거라지만 삼촌 한 번, 이모 한 번, 고모 한 번, 할머니 한 번, 작은엄마 한 번… 헉헉 다 세기도 숨이 차다. 그들은 단지 한 번만 말했을 뿐이지만 듣는 그녀는 수십 번 듣는 질문이니 스트레스 게이지 마구 치솟는다. 그러다 아주 엉뚱한 결론에 다다를 수 있다.

'나이 때문에?'

'외로워서?'

'주변에서 자꾸 몰아붙이니까?'

'에이, 아무나 만나 결혼하자.'

서른세 살에 결혼한 한 친구는 맞선 이후 세 번 더 만나고 나서 결혼을 결정했다. 우리는 모두 깜짝 놀랐다. 그와 만나기 전에 불같은 연애를 하던 그녀가 돌연 애인과 헤어지더니 선본 남자와 두 달도 안 돼 결혼하겠다니 당연히 놀랄 수밖에.

"그 사람 어디가 좋아서 결혼하는 거야?"

"아빠가 소개시켜 줘서….."

그랬다. 맞선남은 그녀 아빠의 부하 직원이었다. 아빠가 평소 지켜보던 직원이니까 믿을 수 있다는 얘기였다. 맞는 말이다. 하지만 그것이 전부였다. 결혼을 하기로 결심하는 가장 근원적인 전제 조건인 사랑의 감정은 없었다. 그녀는 맞선남을 만나기 직전 뜨겁게 연애했고 그런 만큼 이별의 아픔이 커서 그 빈자리를 누군가가 빨리 채워 주기를 바랐다. 그 누군가가 바로 결혼하기로 결정한 맞선남이었던 것이다.

결국 그 둘은 결혼을 했다. 지금도 처음과 비슷하게 그냥 살고 있다. 다만 간간이 전하는 그녀의 얘기에 의하면 결혼생활이 재미없다고 했다. 그냥 부모님 실망시키기 싫어서 산다고 했다. 대신 둘 사이에 접촉점을 아이한테서 찾으려고 안간힘을 썼다.

결혼은 여러 가지 상황들에 몰려서 하는 게 아니다. 일단 둘 사이에 사랑의 감정이 뒷받침 된 뒤에 ♪딴따따단 결혼 행진곡에 맞춰 들어가야 한다. 주변의 올드미스들은 평생 혼자 살까 봐 걱정된다고 말한다. 그래서 가끔 자포자기하는 심정으로 아무하고나 결혼해 버릴까 싶다고 한다. "남자 다 거기서 거기 아니겠어?" 하면서.

하지만 그것은 거짓 메시지다. 미혹되지 말자. 하나님은 우리가 인생을 성실하게, 열심히, 책임지며 살기를 바라신다. 더불어 그대에게 필요한 배필을 주기 원하신다. 결혼은 인생에서 가장 중요한 일이다. 그런 일을 나이가 많아서, 외로워서, 주변에서 재촉해서 '확 해버리면' 절대 안 된다.

나이가 많은데도 결혼을 못했다는 건 부끄러운 일이 아니다. 그대는 나이 때문에, 주변의 성화 때문에, 친구들과 비교당하는 게 싫어서 따위의 이유들로 코너에 몰릴 만큼 하찮은 사람이 아니다. 그대에게 꼭 맞는 배우자가 어디선가 그대를 손꼽아 기다리고 있다.

그 사실을 믿으라.

정말 뭐 하나 빠지지 않는데 단지 아직 결혼하지 않았다는 이유로
우울해 하는 것은 바보나 하는 짓이라고 생각해.
그렇게 기죽어서, 나이 때문에 떠밀리듯 결혼하지 않았으면 좋겠어.

Chapter 4

나는 無매력녀 '모태솔로'

나는 애인이 없을 때 가끔 스스로 이런 질문을 던진 적이 있다. 혹시 그대도 이런 생각을 해보았는가? 만약 아니라면 지금 고민해 보시라.

   Q 스스로 생각할 때 그대는 왜 싱글인가?
     1 매력 있는 남자를 아직 못 만나서
     2 내가 매력이 없어서

삼십대 중반인 한 후배가 있다. 교회도, 봉사도 참 열심히 하는 친구다. 일도 잘하고, 성품도 좋고, 외모도 귀엽고(흔히 남자들이 예쁘지는 않으나 '못생기지 않은 여자를 '귀엽다'고 말하는데, 그런 의미가 아닌 진짜 귀요미다.) 내가 보기엔 대한민국 일등 신붓감이다. 그런 그녀를 발견하지 못하는 세상의 싱글남들이 답답할 뿐이다. 여자를 제대로 보게 만드는 안약이 있다면 내가 일일이 싱글남들을 찾아다니며 그들의 눈에 똑 떨어뜨리고 싶은 심정이다.

"청년부에 괜찮은 남자 없어? 거기서 만나면 되지 않을까?"

그녀가 다니는 교회는 이름만 대면 다 알 만한 대형 교회라 청년부 규모도 꽤 크다. 청춘 남녀가 많이 모였으니 괜찮은 형제 또한 당연히 많겠다.

"언니, 스펙 좋고, 인물도 좋은 괜찮은 청년들이 있긴 하죠. 그런데 문제는 대부분의 자매들이 그 형제만 좋아한다는 거예요. 그래서 자매들끼리 모여서 그 형제 얘기만 하는 거예요. 너도 나도 다 좋다면서요."

한마디로 경쟁률이 너무나 치열하다는 얘기다. 아이고, 머리야! 세상은 왜 이렇게 경쟁할 것 천지란 말인가. 대학 입시 끝나서 좀 살 만하면 취직시험 봐야 하고, 취직시험 끝나서 또 살 만하면 결혼 상대자를 싸워서 쟁취해야 하니 어느 것 하나 호락호락한 게 없다. 남녀 수요공급의 법칙이 1대 1로 딱딱 맞아떨어지면 얼마나 좋겠는가. 그런데 아쉽게도 세상에는 그런 법칙이 없다. 아마 딱 맞아떨어져도 서로 좋은 상대를 갖겠다고 싸우겠지만….

더구나 교회 청년부의 특징이 형제보다 자매 수가 월등히 많지 않은가. 그러니 수요공급의 법칙이 어느 한쪽으로 심하게 기울 수밖에. 이럴 때 크게 두 가지 전략을 세울 수 있다.

첫째, 수많은 자매들과 싸워서 이기는 방법.

둘째, 나를 좋아하는 다른 형제에게 눈을 돌리는 방법.

나는 두 번째 전략으로 그녀를 공략하기 시작했다.

"그럼, 너 좋다고 쫓아다니는 형제는 없어?"

그런데 물어본 질문의 본질을 벗어난 동문서답이 날아왔다.

"언니, 난 매력이 없는 거 같아요. 미인도 아니고, 키도 작고… 이러다 결혼 못할 거 같아요. 휴우~."

"아니야. 네가 왜 매력이 없어? 너 괜찮은 여자야. 왜 그래?"

"아니에요. 요즘 잘나고 예쁘고 멋진 여자들이 얼마나 많은지… 게다가 난 나이까지 많잖아요. 휴우~."

아이고, 또 머리야! 한숨이 아주 굴착기처럼 땅이라도 뚫을 기세다. 그녀는 자신감을 완전히 잃어버린 상태였다. 너는 정말 멋진 여자라고 아무리 달래 줘도 소용이 없었다. 내 얘기는 그저 한 귀로 들어갔다 다른 귀로 쏙 빠져나올 뿐이었다.

나는 싱글이다. 싱글은 매력이 없다. 그러므로 나는 매력이 없다.

오랜 시간 싱글로 지낸 부작용으로 인해 이런 이상한 법칙이 그녀의 머릿속에 똬리를 틀어 버린 것이다. 자신감을 잃어버린 그녀는 '마음의 생기'가 없었다. 까칠해진 피부야 좀 비싼 재생 크림을 바르면 금세 보드라워지겠지만 까칠해진 그녀의 마음엔 마땅한 크림이 없다.

그렇다고 심장 이식 수술처럼 자신감 이식 수술이 있는 것도 아니고, 내가 당장 그녀에게 푹 빠져 버린 남자를 데려다 놓지 않는 이상 낭떠러지로 떨어진 그녀의 자신감은 올라올 기미가 보이지 않았다. 그녀 말처럼 세상에 잘나고 예쁘고 멋진 여자들이 얼마나 많은가!

청년부의 괜찮은 남자 형제 하나에 달려드는 수많은 경쟁자들 사이에서 반짝반짝 눈을 빛내고 있어도 될까 말까 한 상황에서 자신감도 잃고 의욕도 상실된 상태라니…! 절대 안 될 일이다. 할 수 있는 한 최대로 자신감을 100%로 충전시켜야 한다.

치열한 전쟁터에선 총알도 튕겨 나갈 만큼 튼튼한 방탄복에 전투복을 갖춰 입고 총과 칼 등의 무기를 가지고 나가 싸워도 이긴다는 보장이 없다. 그런데 자신감도 의욕도 상실된 상태로 어떻게 경쟁자들을 무찌를 수 있느냐 말이다. 그건 이미 진 싸움이나 다름없다.

자신감 0%는 연애의 적이다.

연애의 문을 여는 데 아무런 도움이 안 된다. 생각해 보라. 자신의 매력을 한껏 발산해서 상대로 하여금 호감이 생기도록 하는 것이 연애의 첫 단계. 상대가 호감을 갖지 않으면 아무리 애를 써도 연애가 성립되지 못한다. 그런데 자신감도 의욕도 상실한 당신에게 누가 호감을 가지고 접근하겠는가?

'자신감'의 또 다른 이름,
'매력'

예전에 함께 일하던 남자 동료가 있다. 그는 평소 이상형에 대해 물으면 다소곳하고 조용조용한 여자라고 답했다. 일편단심, 주야장천 그랬던 그 앞에 이상형과 정반대의 한 여성이 나타났다. 그녀는 소름끼칠 정도의 미인은 아니었지만 특유의 당당한 아우라가 있었다. 일단 걸음걸이부터 씩씩했고, 목소리도 낭랑했으며, 기분 좋을 때 밝은 건 당연지사고, 심지어 아무리 기분 나빠도 절대 웃음을 잃지 않고 자기 의견을 또박또박 말할 줄 아는 여자였다.

얼마 후 그는 그녀의 그런 자신감 넘치는 모습에 녁다운, 완전히 넘어가 버렸다. 수십 년 고이 간직해 온 자신의 이상형을 뒤엎고 말이다. 인기 있는 사람에겐 특유의 아우라가 있다. 예쁜 외모가 아닌 그만의 매력이 특유의 아우라인데 이 아우라는 곧 자신감에서 생긴다.

작은 눈이지만 스모키 화장을 해서 세련된 이미지로 승화시키는 것. 살집 있는 몸매를 글래머러스함으로 승화시키는 것. 작은 키지만 비비드한 컬러의 산뜻한 플랫 슈즈를 신어서 센스 있는 패션으로 승화시키는 것. 자신의 단점을 오히려 장점으로 만드는 비결은 바로 자신감이다.

자신만의 톡 쏘는 매력을 상대방 심장에 명중시키고, 자신만의 아우라로 상대방의 마음을 휘리릭 훔쳐 버리는 것, 상상만 해도 입 꼬리가 올라가지 않는가.

영원한
'모태 솔로'는 없다!

한때 전국을 강타했던 이효리의 노래 〈10 Minute〉. 가사 내용을 한마디로 정리하면 마음에 드는 남자를 10분 안에 넘어오게 할 수 있다, 뭐, 이런 작업녀에 대한 내용이다. 이 노래 가사대로 할 수 있다고 말하는 사람이 있더라도 나는 그 말이 사실인지 아닌지 따지고 싶지 않다. 설사 그럴 수 없더라도 그렇게 말할 수 있는 자신감 하나만큼은 높이 살 만하다. 그걸로 됐다 싶다. 연애에서 자신감은 할 수 있는 한 최대한 끌어올려야 한다. 그 자신감이 곧 당신의 매력이니까.

대학 시절 내 친구의 이야기다. 어느 날 괜찮은 한 선배가 그녀에게 대시를 했다. 괜찮은 선배의 대시니 그녀가 당연히 기분 좋게 받아들일 것이라고 생각했다. 그러나 결과는 그렇지 않았다. 그녀는 그 선배의 고백을 받아들이기는커녕 오히려 기분 나빠 했다. 그 선배가 자기를 좋아할 리 없다고, 분명히 장난치는 거라고 분개(?)까지 하면서 말이다.

물론 그 선배는 그녀를 진심으로 좋아했다. 주변 사람들은 모두 그의 진심이 눈에 보이는데 정작 당사자인 그녀만 비뚤어진 눈으로 진심을 왜곡하고 있었다. 수십 년 동안 남자한테 관심을 받아 본 적이 없다는 게 이유였다. 자신은 태어날 때부터 '모태 솔로'로 사랑받지 못할 운명이라는 것이다. '나를 좋아한 남자가 있을 리 없어. 아무렴 당연히 없지' 하는

창살 없는 감옥에 스스로를 가둬 버린 불쌍한 친구였다.

'자신은 사랑받지 못하는 여자'라는 낮은 자존감 때문에 그녀는 그 멋진 선배가 '나를 이용하나? 나를 가지고 노나?' 하는 의심에서 벗어나지 못했다. 만약 열등감이 현재의 당신을 갉아먹고 있다면 서둘러 빠이빠이 하기 바란다.

'난 안 예뻐.'

'우리 집안은 별 볼일 없어.'

'일류 대학을 안 나왔어.'

'좋은 직장이 아니야.'

'난 만날 남자한테 차였어.'

그대가 못난 이유를 스스로 열심히 찾고 있는가? 그렇다면 지금 당장 그런 쓸데없는 열심을 집어치워라. 쓸데없는 생각일랑 발로 뻥 차서 될 수 있는 한 멀리 보내 버려라. 당신은 사랑받기 위해 태어난 아주 소중한 사람이라는 노래 가사도 있지 않은가.

그대, 지금까지 얼마나 열심히 달려왔는가. 일도 열심히 하고, 사역도 열심히 하고, 주변 사람들도 열심히 챙기지 않았느냐 말이다. 그런 그대는 사랑받기에 당연히 마땅한 사람이다. 더 이상 자학하지 말라. 이유가 어찌되었든 스스로 못났다는 생각에서 헤어나지 못하겠다면 오늘부터 다음 말을 계속 되뇌자.

"○○야, 너 참 열심히 살았지? 넌 참 소중한 존재야. 넌 사랑받기에 충분해."

그리고 스스로 어깨를 토닥거리며 위로하자. 가슴도 어루만져 주자. 이왕 하는 김에 머리도 쓰다듬어 주자. 막상 해보려니 손발이 오글거리는가? 괜찮다. 누가 본다고 쑥스러운가? 그대는 지금 당장 열등감의 굴레에서 빠져나와야 한다.

선한 말은 꿀송이 같아서 마음에 달고 뼈에 양약이 되느니라_잠언 16:24.

어떤가. 단지 스스로에게 말을 건넸을 뿐인데 큰 위로가 되지 않는가? 이것이 바로 꿀송이 같은 말의 힘이다. 자기를 학대하고 미워했던 것, 스스로에게 용서를 구하고 화해를 청해야 한다. 자기 자신을 진심으로 사랑해 봐야 비로소 남도 사랑할 수 있다. 자기 자신을 소중하게 여겨야 다른 사람의 사랑을 뒤틀린 마음 없이 온전하게 받아들일 수 있다.

자존감이 지하 암반수보다 더 깊게 떨어져 버렸다면 삽을 들고서 높이 끌어올리기 바란다. 삽으로도 안 되면 포클레인을 동원해서라도 꺼내기 바란다. 예전에 어느 목사님께 자존감에 대해 진지하게 물은 적이 있다.

"목사님, 살다 보면 자존감이 너무 낮아져서 '난 못났다'라는 생각에서 헤어 나오기 힘들 때가 있잖아요. 그럴 땐 언제 어디서든 주눅이 들어요. 이럴 땐 어떻게 해야 하나요?"

"크리스천은 자존감이 낮을 이유가 하나도 없답니다. 우리 주님께서 우리를 얼마나 사랑하십니까. 우리는 정말 귀한 존재잖아요. 낮아진 자존감 때문에 힘들 때는 그저 '십자가의 사랑'을 계속 묵상해 보세요. 어느 순간 회복될 겁니다."

'십자가의 사랑… 십자가의 사랑… 십자가의 사랑…'

목사님의 말씀을 듣고 입으로 조용히 되뇌어 보았다. 그런데 놀랍게도 가슴에 따뜻한 물이 차오르는 듯했다. 그대도 낮은 자존감으로 괴로울 때면 십자가의 사랑을 읊어 보기 바란다. 이와 함께 매일 아침저녁으로 거울을 보면서 이 주문도 함께 외기 바란다.

"하나님은 사람을 신묘막측하게 만드셨다. 나는 사람이다. 그러므로 난 매력이 철철 넘친다."

그대는 사랑받기 위해 태어난 사람임을 절대 잊지 말기 바란다.

난 어떤 가수를 심각하게 못생겼다고 생각해서 거들떠보지도 않았지.
그런데 어느 날 그가 열정적으로 노래하는 모습을 보고
가슴이 쿵 내려앉더라구.
그대도 그래. 자신감이 온몸에 충만할 때 정말 멋져 보인다구.

Chapter 5

결혼은 미친 짓 이다

예전에 SBS-TV 〈신동엽의 300〉이라는 프로그램이 있었다. 스튜디오에 방청객 300명을 모아 놓고 즉석 설문을 통해 그 결과를 퀴즈로 맞히는 프로그램이었다. 300명이란 숫자는 사회적인 현상이나 심리에 대한 표본 집단으로서 신빙성을 가질 만하다. 어느 날 미혼 남성 300명을 모아 놓고 '남자'에 대한 여러 가지 설문을 했다.

Q 더 좋아하는 여자 스타일은?
  1 섹시녀
  2 청순녀

MC 신동엽이 "1번 섹시녀~" 하고 외치면 도발적이고 화려한 화장을 한 여자가 섹시한 워킹으로 등장을 하고, "2번, 청순녀~" 하고 외치면 긴 생머리에 하늘거리는 원피스를 입은 여자가 사뿐거리며 무대로 등장했다.

현장의 반응은 섹시녀가 등장할 때 폭발적이었다. 남자들 특유의 '워우~' 하는 함성이 스튜디오를 들썩거리게 했다. 마치 위문 공연 온 여자 아이돌을 맞이하는 군인들 같았다. 남자들은 각자 가지고 있던 버튼을 눌러 자신의 마음을 결정했다.

결과는 어땠을까? 현장의 반응과 달리 2번 청순녀를 더 많이 선택했다. 섹시녀는 보고 즐기는 것으로 만족했을 뿐이다.

오호, 통재라!

청순과 거리가 먼 여자들에게는 이런 결과가 너무 가슴 미어지는 일 아닌가! 세상이 아무리 변해도 청순녀를 향한 남자들의 이유 없는 끌림은 바뀌지 않는 모양이다. 내가 어렸을 때도 남학생들은 긴 머리에 바람 불면 날아갈 것 같은 여자들을 좋아했는데 수십 년이 흐른 지금도 여전하다.

청순녀인데도 불구하고…

내 친구 중에 청순녀가 있다. 그녀는 참 예쁘다. 그녀는 마흔이 다 된 나이에 아직도 그 긴 생머리 당연히 갖췄다. 마흔에 긴 생머리라니까 상상이 잘 안 될지도 모르지만 여전히 아주 잘 어울린다.

걸음걸이도 사뿐사뿐하다. 꽤 오랜 시간 만났는데도 나는 지금까지 그녀가 뛰는 모습을 본 적이 없다. 생각해 보니 참 이상하기도 하다. 나랑 알고 지낸 동안 한 번도 급한 일이 없었던 걸까? 말투도 나긋나긋하다. 아무리 화가 나도 솔 이상의 음으로 올라가지 않는다. 날개 없는 천사가 따로 없다.

청순한 그녀, 당연히 꽤 많은 남자들이 좋아했고 대시했다. 여러분은 분명 그녀가 꽤 많은 연애 경험을 가졌을 것이라고 생각하겠지만 놀랍게도 지금까지 그녀는 연애란 걸 제대로 해본 경험이 없다. 누구는 오매불망 연애하고 싶어도 좋다고 대시하는 남자가 없어서 못하는데, 누구는 수많은 남자들이 오매불망 연애하자고 덤비는데도 연애 한 번 제대로 못하다니! 정말 이해할 수 없는 일 아닌가?

그녀는 자신을 둘러싼 남자들을 하나같이 '돌' 보듯 했다. 물론 단 둘이 만나 밥을 먹고 영화를 보고 하는 정도는 했다. 하지만 딱 거기까지 더 이상 진도가 나가지 않으니 두 사람은 어느새 흐지부지 끝이 나곤 했다.

그녀는 남자와 단 둘이 있는 것을 거북하게 여겼다. 여러 명이 함께 어울릴 때는 아무렇지도 않은데 막상 단 둘이 마주하고 있으면 참을 수 없이 어색하다는 것이다. 말은 어떻게 해야 하는지, 눈은 어디에 둬야 하는지, 어쩔 줄을 모르겠다고 했다. 꽤 유머러스하고 괜찮은 남자라도 단 둘이 있으면 아무 재미가 없다고 했다. 그러니 결혼해서 한평생 몸을 부대끼며 살아야 한다는 건 상상만 해도 막 피곤해진다고 했다.

사람의 마음이라는 것이 핑퐁핑퐁 주거니 받거니 해야 설레기도 하고 가까워져서 친밀해지는 것인데 그녀는 늘 뻣뻣하기만 하니 상대는 얼마나 답답하겠는가. 그녀와 대화하느니 차라리 벽 보고 하는 게 더 낫겠으니 그녀의 남자들은 매번 혼자 뜨겁게 달궈졌다가 제풀에 지쳐 나가떨어졌다.

그녀는 '결혼은 미친 짓이다' 같은 문구에 깊이 공감하고 있었다. 그녀가 연애하지 못하는 이유는 결혼에 대한 거부감이 깊이 자리 잡고 있어서였다. 그녀와 비슷한 생각을 가진 자매들을 종종 본다. 왜 그럴까? 그 이유는 자신만이 안다. 자신의 마음속을 헤집고 깊숙이 들어가서 왜 그런 생각을 갖게 되었는지 씨앗을 찾아야 한다.

가부장적이고 권위적인 아버지에 대한 미움이 그 씨앗일 수도 있다. 부모님의 불행한 결혼생활이 씨앗일 수도 있다. 혹시 버림받은 기억이 원인일 수도 있다. 스스로 그 원인을 찾았다면 그걸 붙잡고, 만약 찾지 못했다면 원인을 알게 해달라고 하나님 앞에 나아가자. 깊이 박힌 씨앗을 제거할 수 있는 분은 오로지 하나님 한 분뿐이다.

그대가 설사 100% 독신주의자라도 그 씨앗을 찾고 제거할 필요는 있다. 결혼이 곧 행복 시작은 아니다. 행복이란 '너'와 '내'가 만나 노력하면서 만들어 가는 거니까. 그렇다고 결혼이 곧 무덤도 아니다. 누가 결혼을 죽으려고 하겠는가? 사랑하는 사람끼리 한 방향을 바라보기 위해 하는 게 결혼이다. 더군다나 현대는 의학이 발달해서 수명이 길어진 탓에 혼자 외롭게 늙느니 든든한 녀석과 같이 늙는 게 좋지 않겠는가. 결혼은 평생에 든든한 친구를 만들 수 있는 좋은 방법이라 생각한다.

그러니 남자에 대한 거부감, 결혼생활에 대한 두려움은 과감히 떨쳐 버리자. 혼자 힘으로 하기 힘들다면 하나님께 도움을 청하자. 하나님께서 긍정의 마음을 주실 것이다. 당신 마음속의 오해나 연약함 등을 하나님께서는 분명히 만져 주실 것이다. 왜냐하면 하나님은 그대가 행복하길 바라시니까.

내가 보기에도 예쁘기만 한 청순녀가
연애 한번 제대로 못해 봤다고 하면 꼭 내숭떠는 거 같아.
그런데 알고 보니 마음의 병 때문에 진짜 연애를 못한 거더라고.
어서 마음의 병을 고쳐. 결혼은 미친 짓이 아니라 美친 짓이야.

Chapter 6

좋은 남자보다 자존심이 먼저

주님이 말씀하셨다.

새 포도주를 낡은 가죽 부대에 넣는 자가 없나니 만일 그렇게 하면 새 포도주가 부대를 터뜨려 포도주와 부대를 버리게 되리라 오직 새 포도주는 새 부대에 넣느니라 하시니라 _마가복음 2:22.

포도주를 깨끗한 새 병에 넣어야지 쓰다 버린 맥주병에 넣으면 고유한 맛을 잃어버리고 만다. 새로운 걸 받아들이려면 기존에 가지고 있던 낡은 관습이나 사상을 버려야 한다. 그래야만 온전히 새것을 받아들일 수 있다.

이건 '연애의 법칙'에도 적용된다. 눈물만 남기며 이별로 마침표를 찍는 연애사를 더 이상 답습하지 않기 위해서, 서로 마주보는 사랑은 못한 채 상대방 등만 바라보는 외사랑을 더 이상 하지 않기 위해서 자기 안에 있는 버려야 할 것과 보관해야 할 것 들을 조목조목 따져 봐야 한다.

일단 돋보기를 준비하시라. 내 마음을 찬찬히 들여다볼 수 있는 큼지막한 녀석으로. 돋보기가 준비됐다면 꼼꼼히 살펴보자. 마음속에 옹졸한 아집이 있을 수 있고, 다른 사람을 힘들게 하는 못된 마음이 있을 수 있다. 물론 아무것도 없을 수도 있다. 그렇다면 다행이다. 하지만 뭔가 하나라도 꺼림칙한 걸 발견했다면 버릴지 말지 잘 판단해 보자. 여기서 판단의 기준은 앞으로 사랑하는 데 걸림돌이 되느냐 아니냐다. 만일 걸림돌이 된다면 재빨리 삭제 버튼을 누르고 곧이어 휴지통 비우기까지 일사천리로 끝내야 한다.

오래된 옷들이 즐비한 옷장을 비우고 나면 얼마나 개운한가. 내 마음의 옷장 문을 열고 버릴 것이 뭔지 들여다보자. 버려야 채우지 않겠는가. 비우지 않으면 새 옷을 둘 곳이 없다. '새 술은 새 부대에'를 '새 연애는 새 마음가짐으로'를 적용할 것을 결단하라. 결단했다면 지금부터 바로 분리수거 작업을 시작해 볼까?

그러기 위해 먼저 질문에 답부터 진지하게 해보자.

Q 당신이라면 어떤 경우에 더 후회할 것 같은가?
　　1 고백했다가 거절당해서 '괜히 고백했어' 후회
　　2 고백 못하고 있다가 다른 여자한테 빼앗기고 나서
　　　'고백할걸' 후회

그대는 1, 2번 중 무엇을 선택했는가?

예쁜 사랑을 위해
'표현하기'

먼저 내 답부터 공개하면, 20대의 나는 1번, 결혼 전 30대의 나는 2번이다. 이쯤에서 내 얘기를 해보려고 한다.

나는 서른 살에 남편을 만났고 서른한 살에 결혼을 했다. 그 전에 20대 후반기 4년가량을 연애 없이 지냈다. 여러 가지 이유가 있지만 한창 바쁘기도 했고, 가끔 소개팅 등으로 누군가를 만나도 별로 호감을 느끼지 못했거니와, 싱글 생활이 나름대로 편했기 때문이다. 사실 뼈저리게 외롭다는 생각도 별로 들지 않아서 싱글의 자유로움을 마음껏 즐겼.

그러다가 서른 살의 어느 날 우연히 남편을 만났다. 처음엔 서로 긴밀하게 얘기를 나눌 만한 사이도 아니어서 만나면 인사 정도만 하고 지냈다. 그러나 언제부턴가 남편이 내게 이것저것 물어보는 일이 잦아졌다. 나중에 들은 얘기로 남편은 내게 호감을 느껴서 뭐든 꼬투리만 생기면 물어봤고, 심지어 아는 얘기도 일부러 물었다고 했다. 그렇게 마주치는 횟수가 늘어나면서 얘기하는 시간도 조금씩 길어졌고, 어느 날부턴가 나는 그가 신경 쓰이기 시작했다.

'이 사람이 나한테 호감이 있는 것 같은데… 진짠가?'

이런 궁금증이 생겼다는 건 내가 그에게 호감을 느끼기 시작했다는 의미이기도 했다. 내가 그에게 관심이 없었다면 그의 마음이 나를 향해 있든 말든 신경 쓰지 않았을 테니까.

그런데 이 지점부터 고민이 시작되었다. 그가 아직은 내게 '고백'을 한 상태는 아니라는 것 때문에 내가 느끼는 '그의 호감'이 착각일 수도 있다는 점이었다. 정말 그의 마음이 궁금했다. 제발 착각이 아니기를 간절히 바랐다. 더 나아가 그와 잘되길 원했다.

한동안 고민하다가 이미 결혼한 두 친구에게 나의 마음을 털어놓았다. 그러자 두 친구는 입을 맞춰 이렇게 말했다. 그것도 아주 쿨~하게.

"뭘 고민해? 그 사람 마음과 상관없이 네가 먼저 고백해."

'먼저 고백하라구? 그것도 내가? 그것도 먼저? 그것도 고백을?'

머리를 한 대 띵 얻어맞은 기분이었다. 그때까지 내 연애 철학(?)은 '혼자 짝사랑하다 끝내는 한이 있을지언정 내가 먼저 남자한테 좋아한다고 고백하지 않는다'였다. 목에 칼이 들어와도 하지 못할 짓이었다. 상대방이 내 고백을 받아들이느냐 마느냐는 다음 문제였다. 내가 '먼저'라는 그 사실 자체로 자존심이 무너지는 것 같았다.

도도하고 고고한 여자로 보이고 싶은 마음. 손가락 하나만 탕 튕겨도 남자가 무릎 꿇고 쓰러져 버리게 만들고 싶은 마음. 발밑에 매달려 사랑을 구걸하는 못난(?) 여자로 전락하고 싶지 않은 마음. 이런 자존심을 훈장처럼 매달고 있었던 것이다. 그런 나에게 그녀들은 결혼 선배로서 충고했다.

"결혼해 봐라. 니가 말하는 그 자존심, 그야말로 알량한 거다. 결혼생활에서 좋은 남편을 만난다는 게 얼마나 중요한지 아니? 만약 니 생각에 그 사람이 놓치기 아깝다면 그냥 얘기해. 니 마음을 전하고, 그 사람도 너한테 호감이 있었다면 좋은 거구, 거절하면 그냥 쿨하게 정리해."

그래, 맞다. 나도 '쿨~' 하게 생각하면 그녀들 말에 동의할 수 있다. 하지만 아무리 머리는 쿨해도 가슴이 따라주지 않는 걸 어쩌란 말인가.

먼저 고백하는 건 내가 고개를 숙이는 일이라 생각했다. 더구나 만일 거절이라도 당한다면 아으~ 생각만 해도 끔찍했다. 고백한 내 입술을 찢고 싶을 만큼 후회할 것 같았다. 그녀들에게 내 자존심은 알량한 것에 불과할지 모르지만 내겐 마치 연애 잠언서처럼 귀중한 것이었다.

30년 동안 지켜 온 자존심을 한순간에 어찌 저버릴 수 있겠는가.

"거절당하고 어떻게 쿨할 수 있어? 너무 창피할 거 같아. 진짜 자존심 상해."

내 말에 그녀들이 호탕하게 웃었다. 웃음소리가 마치 '너 아직 어리구나' 하고 말하는 것 같았다.

"애! 니가 무슨 열여덟 여고생도 아니구 뭐가 부끄러워? 진지하게 생각해 봐. 몇 년 동안 너 누군가를 좋아한 적 없지? 그런데 지금 몇 년 만에 마음에 드는 사람이 나타난 거잖아, 그치? 만약 이번에 놓치면 그런 사람이 언제 또 나타날지 어떻게 알아? 어쩌면 평생 없을 수도 있어. 물론 너가 지금 스무 살이면 기다리라고 말하겠지. 하지만 넌 지금 서른이야. 지금 놓치고 마흔이 될 때까지 아무도 안 나타나면 어쩔 거야? 그런 거 생각하면 저쪽에서 너한테 대시할 때까지 기다릴 시간이 없지. 그냥 먼저 얘기하고 아니면 바로 마음 접어. 그래야 다른 사람을 만날 마음의 준비를 하루라도 빨리 하지 않겠어?"

그녀들의 얘기가 맞다.

고백을 하는 자세도 나이에 따라, 상황에 따라 다 다른 것이다. 드라마나 영화, 노래 가사를 보면 첫눈에 뿅, 눈에서 하트 뽕뽕 튀어나오는 사랑이 그리도 많건만 현실에선 의외로 내가 '좋아하는 남자'를 만나는 게 참 어려운 일이지 않은가. 어렵게 찾아온 사랑의 불씨를 자존심 때문에 피워 볼 노력도 안 하고 꺼뜨린다는 건 내 인생에 대한 예의가 아니라는 생각이 들었다.

그녀들에게 설득당한 나는 나름대로 작전을 짰다. 우선 여러 가지 스케줄을 따지고, 2주 정도 후에 그의 회사 건물 로비에 있는 카페(10년 전 그 카페는 여의도 일대에서 꽤 유명해서 연예인이나 방송 관계자들이 업무차 자주 들락거리던 곳이었다)에 '일 때문에 왔다가'를 핑계로 '차나 한 잔 하실래요?'로 만나는 작전이었다. 한마디로 '우연'을 가장한 '필연'을 펼칠 계획이었다.

그리고 D-day만을 가슴 졸이며 기다리고 있었다. 그런데 재미있는 건 디데이가 되기 전에 남편이 먼저 고백했다는 사실이다. 아마도 그가 나보다 더 급했던 모양이다. 이로써 그가 날 좋아했다는 사실이 입증되었고, 난 속으로 '요호, 나야 땡큐지!' 쾌재를 부르며 그의 대시에 못 이기는 척 응했다. 속된 말로 손 안 대고 코 푼 격이었다.

그 후 우리는 자연스럽게 연인이 되었고 부부가 되었다. 결혼 후 남편에게 내 비하인드 스토리를 털어놨더니 "이야, 그랬으면서 겉으로는 아주 '흥, 한 번 만나 주는 거예요' 식이었단 말이지?" 하며 약간의 배신감(?)을 토로했지만 뭐 부부가 되고 보니 고백을 누가 먼저 했든 그건 하등 중요하지 않다.

'좋은 사람'이라는 생각이 든다면 일단 잡아 세워 보는 게 상책이다.
출근 시간에 바로 앞에서 쌩 떠나는 버스를 뛰어가서 잡아탈 것인가 말 것인가. 그러나 스타일 구겨진다고 그냥 보냈다가는 다음 버스가 바로 오지 않아서 지각하고 후회하게 된다. 놓친 버스는 다시 잡고 싶어도 오지 않는다. 감나무 밑에서 입 벌리고 누워서 감 떨어지길 기다리다가 시간만 다 간다. 감이 먹고 싶으면 나뭇가지를 흔들고 일단 찔러라도 보자. 못 먹는 감인지 먹는 감인지는 찔러 봐야 알 것 아닌가.
'용기 있는 자가 미인을 얻는다'는 얘기는 너무 유명해서 진부하기까지 하지만 그래도 인정할 수밖에 없는 사실이다.
"당신이 좋아요."

끌리는 이성에게 자신의 감정을 솔직하게 고백하는 건 자존심 상하는 일이 아니다. 자기감정을 표현할 줄 아는 솔직함이고 당당함이다. 경직된 마음을 풀어 버리고 자신의 감정을 말랑말랑하게 표출하는 것이 사랑의 세계에 발을 들여놓는 첫걸음일 수 있다.

그리고 또 부끄러우면 좀 어떤가! 풍성하고 달콤한 사랑의 열매를 맺기 위해서라면 눈 한 번 질끈 감을 수 있지 않겠는가. 순간의 선택이 10년이 아니라 평생을 좌우할 수 있으니 말이다.

문을 두드리라 그리하면 너희에게 열릴 것이니 _마태복음 7:7.

솔직히 나같이 멋진 여자가 그런 녀석에게 먼저 고백한다는 건 정말 하기 싫은 일이야. 그런데 그거 결혼하고 나면 아무 상관없더라고. 결혼해서 잘 살면 되는 거거든.
사랑에 필요한 것은 자존감이지 자존심이 아니야.

어렵게 찾아온 사랑의 불씨를
자존심 때문에
피워 볼 노력도 안 하고
꺼뜨린다는 건
내 인생에 대한
예의가 아니다.

Chapter 7

나는 늘 차이기만 하는 슬픈 운명

또다시 돌아온 질문의 시간. 기억이 잘 나지 않더라도 곰곰이 생각해 본 후 대답해 주길.

Q 당신은 이별을 할 때 주로?
1 상대방 때문에 헤어진 적이 많다.
2 내가 먼저 헤어지자고 통보한 경우가 더 많다.

어느 쪽에 해당하는가? 이별에 대한 기억을 굳이 끄집어내서 미안하다. 물론 위의 두 가지 경우 다일 수 있지만 대개는 한 가지일 경우가 더 많다. 예전에 〈야심만만〉에서 '연애 실패의 이유'를 구체적으로 물었던 적이 있다.

스스로 냉정하게 분석한 '연애 실패의 이유'는?
(짝사랑과 관련된 답을 제외한 상위 7개만 공개하겠다.)

· 상대방에게 금방 싫증 나서 차 버린다.
· 너무 집착하는 성격 때문에 상대방이 못 견뎌 한다.
· '사랑해'라는 표현에 인색했더니 지친다며 떠났다.
· 시도 때도 없이 선물 주고 너무 잘해 주니까 날 만만하게 생각한다.
· '내 사람'이라는 생각에 머리 치고, 함부로 말하니 불쾌해하며 가 버렸다.
· 유머 감각 제로, 만나면 웃음이 없으니 지루해했다.
· 정 때문에 다른 이성을 잘 챙긴 건데 바람기 많다고 오해받았다.

연애하다 보면 상대방 잘못으로 인해, 때로는 내 잘못으로 인해, 때로는 누구의 잘잘못과 상관없이 물리적인 힘이나 환경에 의해서 헤어질 수 있다.

하지만 이별의 이유가 '상대'가 아니라 '나'라면 이제 툭 터놓고 고민해 봐야 한다. 생각하기 싫은 과거라서 눈을 질끈 감는다고 그 과거가 현재를 간섭하지 않으리라는 보장이 없다.

특히 연애 상대가 A군, B군, C군으로 바뀌어도 매번 비슷한 이유 때문에 이별을 경험했다면 더 그렇다. 앞으로 누구를 만나든 비슷한 이유가 그대의 연애에 발목을 잡을 것이기 때문이다.

　내가 아는 L양은 연애, 참 잘한다. 별표 다섯 개에 동그라미 열 개는 쳐 줄 만큼 연애 경력이 화려하다. 웃으면 반달로 접히는 그녀의 눈은 여자인 내가 봐도 사랑스럽다. 게다가 성격도 시원시원하고 유머 감각도 타고났다. 그러니 남자들에게 인기녀인 건 뭐 당연한 이치였다.
　그녀는 좋고 싫음에 대한 표현도 확실해서 누군가가 꽂히면 망설이지 않고 연애를 시작하는 대담함도 갖췄다. 그래서 이것저것 재느라 연애의 열매를 맺지 못하는 주변의 싱글녀들은 L양을 무척 부러워했다.
　그런데 희한한 건 그런 그녀가 남자한테 늘 차인다는 사실이다. 오매불망 그녀에게 매달리던 남자들은 몇 달 지나면 언제 그랬냐는 듯이 뒤도 안 돌아보고 그녀를 떠났다. 그렇다면 그녀가 만난 A군, B군, C군 등은 여자를 함부로 대하는 나쁜 녀석들이었던 걸까? 아니면 그녀는 그냥 차이는 운명(?)을 타고난 걸까?
　대체 왜 그런 걸까? 우리들 사이에서 그녀의 연애사는 3대 불가사의보다 더 풀리지 않는 미스터리였다. 그런데 그녀와 이야기하면서 그 이유를 알게 되었다. 문제의 열쇠는 그들이 아니라 바로 그녀가 쥐고 있었던 것이다.
　그 비밀의 문 안에는 연애 전과 연애 후의 모습이 너무나 다른 그녀가 있었다. 시원시원하고, 재미있고, 분위기를 주도하던 매력녀에서 연애만 시작하면 자신을 싹 지워 버리고 그저 남자에게 모든 걸 맞추는 순정녀로 돌변했던 것이다.

남자가 좋아하는 걸 먹고(아니 자기 입은 왜 호강 안 시키나?), 남자가 좋아하는 패션 스타일로 바꾸고(그녀가 얼마나 패션 센스가 뛰어난데… 쯧쯧), 남자의 스케줄에 모두 맞췄다(그야말로 골드미스로 너무나 바쁜데도 불구하고). 그녀는 그것을 상대를 위한 배려요, 예의라고 생각한 것이다.

연애에 있어서 그녀의 내려놓음은 탁월했다.

하지만 남자들은 Before, After가 너무나 다른 그녀에게서 매력을 느끼지 못했다. 심지어 한 남자는 그녀에게 "니가 나한테 모든 걸 다 맞추니까 질린다"는 폭언까지 서슴지 않았다. 못된 자식!

얼핏 생각하면 잘해 주는데 왜 싫어? 하겠지만 안타깝게도 화성 남자들은 그렇단다. 그들을 논리적으로 분석해 보고 싶어도 논리가 없다. 그저 금성 여자들은 그렇게 생긴 화성 남자들을 받아들이는 수밖에. 잡은 물고기에 더 이상 밥 안 주는 게 화성 남자들의 본성이란다.

연애를 시작하기 전 화성 남자들이란 어떤가?

그녀가 눈길 한 번 주는 것만으로도 설레어서 심장이 쿵 내려앉고, 그녀가 고개를 돌리면 뭔가 마음에 안 드나 싶어 가슴 졸인다. 그렇게 하루에도 열두 번 천국과 지옥을 오르락내리락하게 만드는 그녀가 한없이 야속하면서도 한편으론 애틋해서 심장이 타들어 갈 것 같다. 그러다가 내 여자가 됐다 싶으면 바로 긴장이 풀어지면서 안심 모드로 바뀌어 버린다. 이것이 화성 남자다.

그런데 배려심 깊은 L양, 지나친 순종을 갖다 바쳤으니 화성 남자들은 더 이상 짜릿함을 느낄 수 없었던 것이다.

"연애 상대에게
 덜 잘해 주도록!"

이것이 L양에게 주는 처방전이었다. 그녀는 배려와 예의라는 이름 하에 남자에게 요리당하도록 자신을 내버려두면 안 되었다. 솔로일 때의 자기 색깔을 잃지 말고, 오히려 남자를 요리하는 게 그녀에겐 필요했다.

몇 번의 아픈 경험을 통해서 그녀는 자신의 연애 스타일을 바꾸려고 노력했다. 자신을 피곤하게 만들면서까지 상대를 맞추던 그녀는 남자를 자기 궤도 안으로 끌어들이기 시작했다. 결과는 효과 만점. 지금 그녀는 알콩달콩 연애 중이다.

그건 꼭 내려놓아야 해.

세상엔 L양 같은 부류가 있는가 하면 정반대의 부류도 있다. 준비 땅~ 하고 연애선을 출발하기 시작하면 어리광 한 가마니를 퍼부어대는 스타일과 도도함으로 상대방을 마치 하인 다루듯이 부려먹는(?) 스타일 등 연애 전의 사랑스러운 모습이 온데간데없이 사라지는 사람들이 있다. 이런 경우 역시 원만하게 연애가 진전되지 않는다. 그리고 대개 그런 연애의 시작과 이별의 패턴은 반복된다.

　주변의 남녀상열지사를 정리하다 보면 대부분 고유의 연애 스타일을 가지고 있다. 그것에 따라 사랑이 더 쫀득쫀득하게 다져지기도 하고 반대로 풀어져 버리기도 한다. 그리고 대개 연애 상대가 A군, B군, C군으로 바뀌어도 자신만의 연애 스타일은 바뀌지 않는다. 늘 비슷한 스타일로 반복되다 보니 그것이 자신의 연애 공식처럼 패턴화되어 버린다.

혹시 그대 역시 반복되는 연애 패턴을 가지고 있는가?
만약 그 연애 패턴이 지나친 순종, 까칠하고 도도함, 꼬리에 꼬리를
무는 의심, 집착 등으로 상대를 힘들게 하는 것인가?

　지금 그대의 마음속을 들여다보는 사람은 아무도 없으니 솔직하게 자신을 점검해 보자. 그리고 만약 사랑에 장애물이 되는 성격이 있다면 L양처럼 바꾸도록 노력하자. 그대가 적어도 '결혼'을 진지하게 생각하고 있다면 말이다.

　물론 자신의 단점을 인정하는 건 괴로운 일이다. 과거의 연애 실패가 상대방 잘못이라고 생각하는 게 마음 편한데 그게 나 때문이라고 인정하자니 얼마나 싫겠는가.

　'나란 사람이 이것밖에 안 되었을까?'

　스스로에 대한 실망감 때문에 부끄럽기도 하고 화가 나기도 할 것이다. 그러나 단점을 알려고 노력한 그대, 그것만으로도 박수 받을 자격이

있다. 혼자서 끙끙거리며 해결하려 하지 말고 단점을 겸허하게 받아들이는 용기를 하나님께 구하자. 어쩌면 눈물콧물 범벅이 되어 기도하는 시간이 길어질 수도 있다.

하지만 단점을 알게 된 이상 고쳐야 한다. 알고도 못 고친다면 너무도 억울하지 않을까. 자신의 모난 부분을 깎는 건 아픈 일이지만 인고의 시간을 견디고 나면 그대는 아름다운 보석이 되어 있을 것이다.

시작이 반이다. 단점을 받아들이는 것만으로도 이미 보석 깎기는 시작되었다. 보석처럼 반짝반짝 빛나는 그대의 모습 얼마 남지 않았다. 파이팅이다!

처음엔 힘들어 하는 후배가 안쓰러워서
위로 차원에서 밥도 사고 달콤한 케이크도 사주곤 했어.
그런데 그게 한두 번이 아닌 거야.
나쁜 습관은 제발 버리라고 해도 잘 안 되나봐.
생각 해봐. 너는 연애할 때 주로 어떤 행동을 반복하지? 이제 과감히 버려!

Chapter 8

내 인생에 그만한 남자는 또 없을 거야

결론부터 이야기하면 그 사람보다 좋은 남자 쌔고 쌨다. 얼마든지 좋은 남자 다시 만날 수 있다. 헤어진 남자는 아무짝에도 쓸모 없는 유령에 지나지 않는다. 어서 털어버리고 새 사람을 기대하기 바란다.

올림픽이나 월드컵 패막식에서 항상 '아듀' 라는 말을 쓴다. 대부분 굿바이의 의미로 쓰는데, 아듀(adieu)의 원래 뉘앙스는 '영원히 안녕', '영영 이별'로 오늘 헤어지고 내일 다시 보자 하는 사람에겐 절대 쓰지 않는다.

자 그럼, 바로 응용 들어가 보자.

지나간 옛사랑이여,
아듀~!

한 친구는 스물세 살에 처음 연애를 했는데 두 달쯤 만나다가 그 남자가 그 전부터 준비해 오던 호주 연수를 떠나게 되었다. 공항에 마중 나가 몇 달 후에 보자고 인사를 하고 돌아섰는데… 무슨 운명의 장난처럼 그가 호주에서 갑자기 사진의 매력에 푹 빠져서 아예 사진을 공부한다고 하면서 한국에 돌아오지 않았다.

난 그 친구를 스물일곱 살 때 만났는데, 그녀는 4년이 지나도록 그 남자를 잊지 못해 가끔씩 눈물을 흘리곤 했다. 뜨겁게 달아오르자마자 헤어지는 바람에 더욱 미련을 버리지 못했던 것이다. 그 사이 몇몇 남자들이 그녀에게 다가왔지만 시작도 하지 못했다. 그 사람이 언젠가 돌아올지도 모른다고 생각했기 때문이다. 하지만 그는… 당연히 오지 않았다.

오랫동안 연애하지 못하는 자매들 중에는 옛사랑을 내려놓지 못해 새로운 사랑을 하지 못하는 것을 종종 본다. 내 친구처럼 아쉬움이 남는 사랑, 부모의 반대로 억지로 갈라진 사랑, 다른 여자에게 뺏긴 사랑, 자신을 냉정하게 버린 사랑 등 옛사랑의 색깔도 알록달록 총천연색으로 컬러풀하다. 하지만 미련이 남는 옛사랑, 절대로 다시 돌아오지 않는다.

한편 옛사랑의 상처를 또 겪게 될까 봐 아예 새로운 사랑을 시작하지도 못하는 사람이 있다. 당신 곁에 다가온 사람은 예전의 그 사람 도플갱

어가 절대 아니다. 그런데 왜 같은 일이 일어날 거라고 확신하는가.

과거는 다시 오지 않는다. 타임머신을 타고 돌아가고 싶어도 돌아갈 수 없는 과거에 사로잡히지 말자. 그리고 그런 옛사랑이 있다는 건 오히려 위로받을 일이다. 스스로 인식하지 못할 뿐 그런 경험으로 인해 한층 더 성숙해졌을 것이기 때문이다. 그런 사랑의 경험 때문에 새로운 누군가를 만났을 때 좀 더 신중하게 되고 좀 더 조심스러울 수 있는 것이다.

고난은 유익이다. 고난으로 인해 다듬어질 땐 아프지만 앓고 나면 모난 부분이 깎여져 성숙해진다. 그러므로 옛사랑의 아픔도 인생 전체에서 보면 유익한 것이다. 학창 시절 한 번 시험을 못 봤다고 세상이 무너지는 것이 아니듯 연애의 실패도 그런 것이다. 다음에 열심히 공부해서 시험을 잘 보면 되듯이 연애도 다음에 성공시키면 되는 것이다.

헤어진 남자는 재활용도 할 수 없는 네 마음속 쓰레기에 불과하다. 그러니 지나간 사랑, 이젠 아듀~ 해라. 시원하게 외치고 툭툭 털고 잊어버려라.

헤어진 남자 때문에 아직도 침울해 있는 널 보면 답답해 죽어.
헤어진 남자가 밥을 사 주길 해, 따뜻하게 손이라도 잡아 줘?
빨리 버려. 과거와 빨리 이별할수록 미래가 가까워진다는 걸 기억하라구.

결혼과

배우자에 대한

당신의 생각은

어떤가?

세상 사람과 똑같은

욕심 가득한

'조건리스트'는 버려.

욕심을

내려놓으면

좋은 남자가

보일거야.

PART 2

버리지 못한 숨은 욕심 내려놓기

Chapter 9

배우자 쇼핑 리스트는 이제 버려

"바다에 나갈 때는 한 번 기도하고, 전쟁에 나갈 때는 두 번 기도하고, 결혼할 때는 세 번 기도하라."

이것은 포루투칼 속담이다. 급작스런 날씨 변화로 폭풍우가 휘몰아치는 바다, 총알이 획획 날아다니는 전쟁터, 모두 죽느냐 사느냐의 문제가 걸린 위험한 곳들이다. 위험천만한 이곳에 가는 것보다 결혼할 때는 세 번 기도해야 한다니… 그 한 마디만으로 결혼이 얼마나 중요한지 어렴풋이나마 짐작할 수 있다.

인생에 있어서 어떤 배우자를 만나는가는 너무도 중요하다.

물론 우리 자매님들, 그걸 잘 알기에 오늘도 열심히 배우자기도를 하고 있다. 내 주변에 있는 자매들 역시 그렇다. 한 자매는 그렇게 밤마다 배우자기도 노트를 부여잡고 눈물로 기도한다고 했다. 또 다른 자매는 무려 50개나 되는 배우자기도 제목을 거울 앞에 붙여 놓고 무시로 기도한다고 했다. 또 다른 자매는 절친과 일주일에 두세 번 전화기를 붙들고 미래의 배우자를 위해 중보기도 한다고도 했다. 그녀들은 결혼하는 그 순간까지 배우자기도를 놓지 않으리라. 하루라도 쉬면 입안에 가시가 돋을 듯이 그렇게 열심이니까. 그런데도 배우자란 그 녀석, 머리카락 한 올도 보이지 않는다고 한다. 대체 왜 그럴까?

그렇다면, 여기서 잠깐 질문 하나!

Q 당신의 배우자기도 제목을 볼 때 드는 생각은?
1 언젠간 꼭 나타나리라!
2 기도는 하지만 솔직히… 실현 불가능해 보인다.

내가 중고등학교 때만 해도 벌써 이십 년도 훨씬 전이니 그땐 이성 친구를 사귄다는 건 상상조차 하기 어려웠다. 소위 말하는 노는(?) 친구들 사이에서 누구랑 누가 사귄다네, 아니네 하는 소문이 떠돌았을 뿐 평범하게 집과 학교만 오가는 학생들에게 이성 친구란 너무나 생소한 얘기였고, 한편으로 그렇게 자유로운 영혼(?)을 가진 노는 친구들이 부러웠다.

그때 나중에 대학생이 되면, 어른이 되면, 지금의 한(?)을 꼭 멋진 남자

친구를 사귀면서 풀리라 결심했던 것 같다. 그리고 가끔씩 심심할 때마다 먼 훗날 사귀고 싶은 남자친구의 스타일을 상상했다. 캔디에 나오는 테리우스 사돈의 팔촌쯤 되는 남자들로….

몇 년이 흐르고 흘러 현실의 남정네들을 보면서 그게 얼마나 허황된 꿈이었는지를 깨달았다. 대부분의 남자들은 아빠 같고, 옆집 아저씨나 옆집 오빠같이 평범한 사람들이었으니까.

배우자기도를 하는 자매들을 보면 대부분 '배우자기도 노트'라는 걸 가지고 있어서 거기에 조목조목 원하는 배우자상을 적어 놓는다. 그걸 보면 마치 내가 소녀 시절 꿈꾸던 남자친구랑 비슷하단 생각이 든다.

그녀들은 기도하는 타이밍만 되면 다들 배우자기도를 1순위에 놓고 기도한다. 자신들이 적어 놓은 배우자기도 제목을 가슴에 꼭 붙들고서. 그녀들에겐 배우자기도가 너무도 중요해서 배우자기도 제목을 적을 땐, 절대로 '그까이꺼 대충~' 하지 않는다. 거룩함을 한껏 끌어올려놓고 시작해야 왠지 좋은 배우자를 만날 것 같기 때문이다.

샤워 정도는 기본으로 해줘야 상쾌한 마음으로 준비할 수 있다. 평소엔 책상 위에 볼펜과 각종 문구류들이 '날 좀 보소' 하고 널브러져 있어도 안 보이다가 배우자기도 노트 작성할 때만 되면 갑자기 다 거슬린다. 책상 위의 먼지 한 톨, 머리카락 한 올조차도 참을 수가 없다. 일단 책상 위를 깔끔하게 정리해 주시고 나서 의자에 허리를 펴고 꼿꼿이 앉는다. 자세를 흐트러뜨린다는 건 절대 있을 수 없는 일이다. 그리고 가장 예쁜 볼펜을 찾아들고는 글씨가 비뚤어질까 염려하며 또박또박 배우자기도 제목을 적는다. 만약 잘못해서 오타라도 나면 큰일이다. 왠지 부정 탈 것 같은 불길한 생각에 화이트로 박박 지우며, 가끔은 하트나 별 등의 데커레이션을 해주는 센스까지 유감없이 발휘하신다.

이렇게 예쁘게 작성된 배우자기도 노트의 항목들을 살펴보면 우와 하나같이 다 대단하다. 1번부터 끝번 중에서 랜덤으로 어떤 번호를 선택해도 순정만화나 드라마에 나올 것 같은 남자들이니 그럴 수밖에. 기도 제목만 보면 그들은 화장실도 가지 않을 것 같은 동화 속 백마 탄 왕자들이다. 나를 바라보는 눈빛이 그윽한 건 기본이요(눈 크기는 중요치 않다. '그윽함'을 풍겨야 한다), 롱 다리를 가진 장신이요(장신이어도 롱 허리면 좀 서운하다), 조각미남이나 꽃미남은 아니어도 바라보고 있노라면 마음이 훈훈~해지는 훈남이다. 그렇다고 빗살 좋은 개살구여도 안 된다. 내실이 갖춰져야 한다 이 말씀. 120 이상의 아이큐로 이름만 대면 '오~' 하는 감탄이 나올 정도의 학벌이어야 하고, 맞벌이 안 해도 풍족하게 살 만큼의 연봉을 받아 줘야 한다. 여기에 운전은 기본인데 특히 한 팔은 조수석 등받이를 부여잡고 뒤를 보며 거침없이 후진할 수 있는 능력자여야 한다. 이때 셔츠를 걷어 올린 팔뚝에 파란 핏줄까지 도드라져 보이면 점수가 플러스된다. 만약 주차할 때 세 번 이상 꺾어서 하면 살짝 실망스럽다. 게다가 노래 실력도 갖춰 줘야 함께 찬양할 때 은혜로울 수 있다. 혹여 음이탈이라도 내면 끌리지 않는다.

아이쿠야, 이 모든 걸 다 갖춘 배우자감이 기도 노트에 떡하니 적혀 있으니 배우자 만나기가 어디 쉽겠는가. 대체 이런 수십 가지 조건을 만족시키는 왕자님을 어디서 찾는단 말인가. 노트 몇 바닥을 꽉 채운 항목들을 보는 것만으로도 어질어질하다.

자, 여러분이 적어 놓은 배우자기도 제목이 이런 꿈속의 왕자님이라면 레드 썬, 얼른 꿈에서 깨어나시라. 배우자기도 노트는 이상형을 적는 공간이 아니다. 노래를 못해도 열정을 다해 찬양하는 것만으로도 은혜로울 수 있으며, 한 팔로 터프하게 후진하진 못해도 옆 차 안 긁고 잘 주차하면 된다.

배우자기도를 눈물로 간절히 하는데도 배우자가 안 나타나 고민이라면 배우자기도 노트에 뭐가 적혀 있는지부터 살펴보았으면 좋겠다. 소녀 시절 바라던 이상형을 나열한 수십 가지 항목들을 현실의 남자가 어찌 다 만족시킨단 말인가.

배우자기도 노트도 다이어트가 필요하다.

너무 기름진 내용들만 나열되어 있다면 좀 더 담백하게 정리해 보자. 기도 제목의 개수를 줄이고 불필요한 내용들이 많다면 가지치기를 해야 한다. 30개 항목을 10가지로만 줄여도 배우자를 만날 가능성이 훨씬 높아질 것이다.

'하나님이 인도하신 배우자를 만나기 위해서' 하는 것이 바로 배우자기도다. 그런데 배우자기도를 하는 자매들의 이야기를 들어 보면 주객이 전도된 경우가 많다. 분명히 배우자기도를 하는 이유는 하나님의 인도하심을 구하는 걸 텐데 그 내용을 보면 하나같이 드라마 속 멋진 남자 주인공들이다. 하나님은 사람의 조건을 보지 않으시고 마음의 중심을 보신다는 거, 오토매틱으로 좔좔 읊으면서도 실제로 원하는 배우자를 보면 중심은 없다. 오직 외적인 조건에만 집중되어 있다.

우리가 기도를 안 한다면 상관없다. 하지만 배우자기도를 하는 이상 꼭 짚고 넘어가야 한다. 하나님과 자신이 바라는 배우자상이 과연 일치하고 있는가에 대해서. 그리고 어서 빨리 배우자기도 노트가 아닌 배우자 쇼핑 리스트는 버려라.

> 사람은 외모를 보거니와 나 여호와는 중심을 보느니라 _사무엘상 16:7.

솔직히 툭 터놓고 물어볼게.
백마 탄 왕자님을 그리는 당신은 그럼, 숲속의 공주야?
배우자상 리스트를 작성하기 이전에
자기 스스로에 대해서 객관적으로 생각해 보자구!

배우자기도 노트도
다이어트가 필요하다.

Chapter 10

♪10점 만점에 10점~
그런 게
어디 있을까

멋진 짐승돌 2PM의 노래 〈10점 만점에 10점〉의 후렴구를 기억하는가?

♬ 그녀의 입술은 맛있어 입술은 맛있어 (10점 만점에 10점)
　그녀의 다리는 멋져 다리는 멋져 (10점 만점에 10점)
　그녀의 날리는 머릿결 날리는 머릿결 (10점 만점에 10점)
　그녀는 머리에서 발끝까지 모두 다 (10점 만점에 10점) ♬

자, 왼쪽 가슴에 오른쪽 손을 올리고 자신의 속마음을 되짚어 보자. 혹시 '머리에서 발끝까지 10점 만점에 10점~'인 남편감을 찾고 있는가? 그러느라 혹시 9점짜리 남자를 놓치지는 않았는가? 반대로 하나 더 묻겠다. 그대는 과연 '머리에서 발끝까지 10점 만점에 10점~'인 배우자상인가?

얼마 전 이름만 대면 알 만한 결혼정보회사에서 '결혼 등급표'를 공개해서 비난을 받은 일이 있다. 그들이 분류한 '남자 결혼 등급표'에는 1등급에서부터 10등급까지 있다. 재산이 100억 원 이상이면 1등급, 3억 원 이하면 10등급이고, 학벌은 서울대, 연·고대, 한양대, 서강대, 중앙대 등을 제외한 서울의 4년제 대학은 7등급이며, 2년제 대학은 10등급이다. 키는 185cm 이상이면 1등급이고, 179cm부터 4등급 이하로 떨어지는데 이것도 얼굴은 호남형이라는 전제가 깔린 상태에서 나뉘게 된다.

황당하지 않은가!

결혼은 단순히 A B C D…를 외우는 학교 공부가 아니다. 눈에 보이는 외적인 조건만으로 남편감을 평가할 수도 없고 그래서도 안 된다. 결혼생활에서 남편이 아내에게, 또 아내가 남편에게 할 일은 서로 힘들 때 짐을 나눠 지고, 아플 때 위로하고, 슬플 때 함께 울어 주는 것이다. 가정은 그 어떤 곳보다 복잡 미묘한 감정들이 얽혀 있는 곳이어서 외적인 조건보다 '인간 됨됨이', '성품'이 가장 중요할 수밖에 없는 곳이다. 때문에 배우자를 조건을 가지고 등급화한다는 건 어불성설이다. 마트에서 상품 고르듯이 남편을 골라선 곤란하다.

물론 결혼할 때 배우자의 조건, 어느 정도 중요하다. 그러나 오직 겉으로 드러난 그럴듯한 조건만 따지는 것은 곤란하다. 그대는 어떤가? 남편감으론 더없이 좋은 사람인데 그의 연봉 때문에, 그의 집안 때문에, 그의 외모 때문에, 그를 제외시켰는가? 그대는 지금 큰 실수를 저지른 것이다.

오직 조건만?

예전에 영화배우 이한위 씨를 인터뷰한 적이 있다. 그 자리에는 후배 작가도 함께했다. 특히 열아홉 살 연하의 아내와 사는 얘기며 어린 자녀를 얘기하는 그의 얼굴은 한없이 행복해 보였다. 그런데 인터뷰 도중 싱글 후배가 대뜸 그에게 이렇게 물었다.

"선배님, 전 왜 아직도 결혼을 못하는 걸까요?"

그녀의 질문에 이한위 씨는 반문했다.

"너(방송가에서 한참 후배니까 그가 편하게 말을 놓았다), 남자 조건 많이 따지지?"

"네. 솔직히 말씀드리면 그런 거 같아요."

후배가 솔직하게 대답하자 그는 함께 일하던 매니저 이야기를 했다.

"내가 연기하는 동안 얼마나 많은 매니저들을 만났겠니. 그치? 그런데 지내다 보면 매니저들이 하나같이 뭔가 부족한 거야. 이것이 괜찮으면 저것이 모자라고, 저것이 마음에 들면 이게 또 마음에 안 들고, 도대체 맘에 꼭 드는 매니저가 없는 거야. 그러다 새로운 매니저가 왔는데, 이야~ 이 녀석은 아주 똘똘한 거야. 눈치도 빠르고, 스케줄도 꼬이지 않게 잘 정리하고, 다른 사람 대하는 것도 매너 있고, 뭐 하나 빠지는 게 없더라구. 그런데 어느 날 대형 매니지먼트 회사에서 그 녀석한테 월급을 많이 준다면서 스카우트 제의를 하니까 바로 한달음에 달려가더라구. 그때 깨달았지. 맞다, 저렇게 잘난 녀석이면 월급 많이 주는 큰 회사에 가는 게 당연하지. 뭐 하러 월급 적게 주는 데서 있겠어? 그 순간 '내가 이전 매니저들의 좋은 점은 안 보고 나쁜 점만 보고 있었구나' 하는 깨달음이 오는 거야. 그 후로 매니저들을 바라보는 관점이 바뀌었어. 6점짜리 매니저가 들어오면 애정을 가지고 이것저것 가르쳐서 8~9점짜리 매니저로 만든 거지. 근데 그게 그렇게 좋을 수가 없더라구. 결혼도 마찬가지야. 누가 봐도 입 떡하니 벌어질 만큼 조건 좋은 남자들은 그 나름대로 너보다 더 잘난 조건의 여자를 찾고 있을 거야. 10점짜리 남편감을 찾지 말고, 가능성이 보이는 남자를 만나서 9점으로 만드는 거, 그게 결혼생활의 행복이야."

그의 얘기에 내 후배, 두 손 꼭 모아 쥐고 연신 '이야' 감탄하면서 경청했다. 물론 이미 결혼한 나 역시 그랬다. 결혼해서 살아 보니 그 얘기에 더더욱 공감된다. 흔히 '눈이 높아서' 결혼을 못한다고 하는데 그렇다고 무조건 '눈을 낮추자'는 얘기가 아니다. 나의 눈높이를 정확하게 체크하자는 얘기다.

배우자의 조건을 따지기에 앞서 자신을 돌아보아야 한다. '나'라는 인간에 대해 한 발짝 떨어져서 바라보는 냉철함이 필요하다. 한낱 연약한 인간인 우리가 감히 누구를 평가하고 폄하할 수 있단 말인가! 나 역시 완벽하지 않으면서 순정만화 속 주인공 같은 상대방만 찾는다는 건 욕심이요, 이기심이 아니겠는가.

내가 바라볼 지점을 단정하게 바라볼 줄 아는 것 그것이 바로 지혜요, 현명함이다. 내가 그런 자세를 갖출 때 비로소 하나님은 그 지점에 배우자를 데려다 놓으실 것이다.

하나님에겐 이미 당신의 배우자가 준비되어 있다.

다만 그대에게 그 사람을 구별하는 눈이 없어서 앞에 데려다 놓지 않는 것이다. 설사 데려다 놔도 눈이 엉뚱한 곳을 쳐다보고 있어서 알아보지 못할 것이다. 게다가 아무리 눈을 씻고 크게 뜨고 찾아봐야 10점짜리 만점은 없다. 절대! 얼핏 보면 10점 만점 완벽해 보여도 다시 찬찬히 뜯어보면 손톱의 때만큼이라도 부족한 부분이 분명히 있다.

무조건 10점짜리 조건을 찾겠다는 건 불가능한 일이요, 시간 낭비일 뿐이다. 대신 나와 잘 맞는 사람을 찾는 게 중요하다. 인테리어 감각이 둘 다 10점 만점인 남녀가 만나 결혼했다고 가정해 보자. 그런데 한 사람은 모던을, 다른 한 사람은 앤티크를 고집한다면? 이 부부의 앞날이 예상되지 않는가? 허구한 날 내가 옳다, 네가 그르다며 싸울 게 뻔하다. 이것은 비단 취향에 국한된 문제가 아니다. 모든 면에서 그렇다.

결혼생활은 두 톱니바퀴가 맞물리는 것과 같다. 나의 장점은 상대의 단점에 맞춰지고, 상대의 넘치는 부분은 나의 빈 부분에 맞춰져야 결혼생활이 잘 돌아가게 된다. 2% 부족한 남녀가 만나서 서로의 부족을 채워가는 일은 결혼생활이 주는 여러 가지 행복 중 백미라 할 것이다.

이건 결혼 선배로서 내가 장담할 수 있다. 남편이 나를 만나고, 내가 남편을 만나서 서로 주거니 받거니 하면서 좋은 일은 배가 되고, 힘든 일은 반이 되었다. 그 과정에서 엔도르핀이 마구 샘솟았고 그게 정말 달콤했다.

어른들이 흔히 신혼 때부터 다 갖춰 놓고 시작하면 사는 재미가 덜하다고 말씀하신다. 처음에 방 한 칸에서 시작했다가 방 두 칸이 되고, 그 다음에 내 집 마련을 하는 게 결혼생활의 묘미라는 건 결혼해서 살아 보면 바로 이해할 수 있다.

결혼은 행복의 끝이 아니라 둘이 행복을 만드는 시작이다. 행복이 될 만한 재료들을 구하고 찾아서 만드는 게 부부가 할 일이다. 그러니 아직 보지 못한 행복들이 얼마나 많겠는가. 부부는 그런 꿈을 같이 꿀 수 있어서 즐거운 것이다. 10점으로 시작하면 마이너스가 될 공산이 크다.

이제 결정했는가? 플러스 되는 재미를 따라가기로 말이다.

분명히 말하는데 처음부터 10점 만점짜리 배우자가 온다는 것은
그대가 10점 만점녀가 아니라면 그냥 잊어버려.
똑똑한 그대, 지금은 6점이지만 앞으로 9점이 될 배우자를 찾아.

배우자의 조건을 따지기에 앞서
자신을 돌아보아야 한다.

Chapter 11

남자가 인생로 또는 아니잖아

누구는 의사, 변호사랑 결혼했네.
누구는 남편의 연봉이 억대네.
누구 남편은 탤런트 뺨치게 잘생겼네.

그런 얘기들 들으면 배가 살살 아프다. 대체 그런 남자들과 결혼한 여자들은 뭔 복을 타고나서 그런 건가 하고 가끔은 세상이 원망(?)스럽기까지 하다. 한편으로는 '아직 늦지 않았다 지금이라고 그런 남편 만나면 되지' 하고 두 주먹 불끈 쥐게 된다.

그래서 배우자기도 제목에 조건이 더 늘어나게 된다. 아직 만나지도 않은 사람, 이왕이면 조건을 높일 수 있는 한 한껏 높인다. '응답하시는 하나님이니 이렇게 간절한데 당연히 앞에 데려다 놓으시겠지' 하는 기대와 함께.

하지만 그의 조건을 따지기 전에 먼저 자신부터 돌아보는 시간을 가졌으면 좋겠다. 자신이 과연 결혼에 대해 성숙한 자세를 가지고 있는지를 살펴보라는 얘기다. 남자는 결혼하기 전까지는 실컷 놀고 결혼한 후에 가정과 인생에 대해 걱정하고, 여자는 결혼하기 전에는 인생과 미래에 대해 걱정하다가 결혼하면 모든 생각 다 내려놓는다고 하는 우스갯소리가 있다. 지금 그대가 혹시 결혼생활에는 관심이 없고 배우자의 조건만 따지고 있는 것은 아닌지, 그래서 결혼 후에는 아무 걱정 없이 그냥 편안하게 살려고 하는 이기적인 생각을 하고 있는 것은 아닌지, 그렇게 이룬 가정이 과연 내가 바라는 건강한 모습인지 돌아보아야 한다.

만일 그대가 저녁마다 가정에서 기도와 찬송 소리가 울려 퍼지고, 어려운 사람들을 보면 함께 가슴 아파하는 배우자를 원한다면, 그대가 찾는 배우자는 억대 연봉을 받고 '사'자 들어가는 직업을 가진 남자가 아니다. 신실하고 가슴이 따뜻한 남자다. 수십 개의 돈방석에 앉은 남자라도 오로지 자기 가족만 잘 먹고 잘살면 그만이라는 마인드를 가졌다면 그는 그대가 찾는 배우자감이 아니다.

결혼은 조건을
거래하는 것이 아니다

하나님이 말씀하신 결혼의 본질은 무엇인가? 하나님이 원하시는 배우자는 누구인가? 바로 하나님 나라를 함께 품고 복음에 헌신하며 서로를 도와주는 조력자. 우리 하나님은 이들이 만나 아름다운 가정을 꾸리길 원하신다. 서로 아끼고 사랑하며 작은 일에도 관심을 갖는 가정, 평안이 넘치는 가정을 원하신다. 이런 가정들이 모이고 모여서 하나님 나라가 이루어지기 때문이다.

그러니 배우자 만나는 걸 마치 인생역전이나 인생로또로 여기지 말자. 그것에 집착하는 건 욕심이요, 그 욕심은 스스로를 갉아먹을 뿐이다. 하나님은 겉치레가 아니라 마음의 중심이 올바른 배우자를 당신에게 맺어주길 원하신다. 꼭 마음에 새겼으면 좋겠다.

예전에 참 인상적인 단편 드라마를 한 편 보았다.

어느 날 밤 치질 수술 환자가 누워 있는 병실에 어떤 의사(얼굴은 안 보인다)가 다가와서 수술 부위를 확인한다면서 항문 사진을 찍는다. 알고 보니 이상한 남자가 거짓말을 하고 몰래 촬영을 한 것이다. 병원은 나중에야 이 사실을 알고 발칵 뒤집혀서 범인 찾기에 주력한다. 주인공인 항문학과 간호사가 가장 열심히 범인을 찾는다. 그러던 어느 날 그녀의 애인(그는 다른 과 의사다) 집에 갔다가 컴퓨터에 저장된 온갖 여자들의 노출 사진을 발견하게 된다. 여러 가지 정황을 짚다 보니 항문 도찰 범인은 바로 그녀의 남자친구였다는 걸 알게 된다. 주인공은 그때부터 고민하지만 의사 남편을 갖고 싶다는 욕심 때문에 그의 범행을 숨겨 준다. 그리고 동네 문방구에 있는 신데렐라 인형을 그윽한 눈빛으로 쳐다보는 그녀의 얼굴이 클로즈업되면서 드라마는 끝난다. 주인공은 "난 의사랑 결혼해서 신데렐라가 될 거야"라고 말하는 듯했다.

"저 여자, 저런 남자랑 결혼하면 얼마나 불행한지 몰라서 저래. 의사면 다냐!"

그 순간 나도 모르게 욱해서 혼잣말을 내뱉었다. 그녀의 어리석은 결정이 너무나 안타까워서였다.

드라마는 결혼의 조건으로 오로지 외양만 보는 세태를 꼬집고 있었다. 드라마는 배우자를 통해 '인생의 대박을 바라다가 인생 쪽박 찰 수 있다'는 메시지를 그 어떤 백 마디 말보다 강력하게 전달하고 있었다.

억대 연봉, 좋다.

하지만 가난에 허덕이는 게 아니라면 돈은 적당히 쓸 만큼만 있으면 된다. 물론 부자를 만나 선한 일에 사용할 수도 있겠지만 단순히 '부자 남자'라는 타이틀에 현혹되어선 안 된다.

일류대 출신, 좋다.

하지만 오로지 전공 공부에만 능통한 일류대 출신보다 일류대 졸업장은 없어도 정치와 경제 사회 문화 역사에 능통해서 아내와 자녀들에게 풍요로움을 안겨 주는 사람이 더 멋있다.

  배우자기도 노트에 기록된 내용 중 이제 껍데기를 버려라.

  그리고 다시 알맹이를 채워라. 겉만 번드르르한 가정은 바람만 한 번 불어도 곧 부서져 버린다.

아직도 자신이 신데렐라 혹은 본부장님이랑 어떻게 될 거라고 착각하고 있는 건 아니겠지? 그건 현실에 없는 드라마에나 나오는 이야기야.
로또 번호 맞히듯 남자 조건을 맞추는 일은 이제 그만해.

Chapter 12

'배우자기도'
그래도 해야 하는 이유

난 배우자기도를 몰랐다. 그 이유는 간단했다. 결혼 전엔 크리스천이 아니었기 때문이다. (이 이야기는 뒤에서 하겠다.) 배우자기도를 해본 적도 없이 배우자를 만났고, 결혼을 했고, 지금 아들딸 낳고 살고 있다. 그래서 주변의 크리스천 자매들이 '배우자기도'를 한다고 이야기하는 것을 들으면 정말 부럽다.

　나는 가끔 '내가 만일 배우자기도를 했다면 어떻게 했을까' 하고 상상해 보곤 한다. 물론 나는 지금 잘 살고 있다. 남편에 대해 불만이 있어서 하는 얘기가 아니란 말이다. 다만 내가 배우자기도가 부럽다고 생각하는 이유는 이렇다.

첫째,
판단의 기준이 분명해진다

내가 싱글일 때 배우자기도 제목을 적어 놓고 집중적으로 기도를 했다면, 정확한 분별 기준이 있어서 이 사람이 내 짝일까 아닐까를 빨리 결정했을 것 같다. 배우자기도라는 걸 몰라도 누구나 막연하게 꿈꾸는 배우자상이 있듯이 나 역시 그랬는데, 나는 크게 세 가지가 있었다.

1 외모: 부드러운 인상에 너무 깡마르지 않은 남자
2 성격: 열등감이 없는 남자
3 직업: 내 직업을 이해할 수 있는 분야의 남자

그런데 만일 내가 이 세 가지를 놓고 집중적으로 기도했다면, 앞에서도 언급했듯이, 남편에게 호감을 느꼈을 때 이 사람이 바로 하나님이 응답하신 사람이구나 아니구나를 빨리 판단했을 것 같다. 괜히 자존심입네 아니네를 따지지 않고 말이다.

성격은 연애를 하면서 알게 되는 부분이지만 외모와 직업은 처음부터 알 수 있다. 내 남편의 외모와 직업은 내가 원하는 배우자상과 거의 일치했다. 하지만 당시는 배우자기도라는 걸 몰랐기 때문에 '음, 괜찮은 사람 같네'라고만 생각했다. 나랑 구체적으로 연관지어서 생각해 보지 않은 것이다. '괜찮은 사람 같다'라는 느낌이 드는 사람은 세상에 얼마든지 있지 않은가. '좋다'는 말이 곧 '사랑해'는 아니다. 좋다는 표현은 꽃도 좋고, 나무도 좋고, 바다도 좋다 정도의 의미인 것이다.

하지만 내가 당시에 배우자기도를 하고 있었다면 나중에 '남편이 나에게 호감이 있나 없나'를 고민하기 전에 벌써 남편을 눈여겨봤을 것 같다.

배우자기도 노트에 적어 둔 기준 때문에 배우자를 한눈에 알아본 사람이 있다. 바로 작곡가 주영훈 씨다. 그가 아내 이윤미 씨를 만난 러브 스토리를 들려주었다.

이윤미 씨는 드라마 역할 때문에 작곡가인 주영훈 씨에게 코칭 받을 일이 있었다. 그때가 두 사람의 첫만남이었다. 당시 이윤미 씨는 20대 중반의 청춘인지라 주영훈 씨는 열두 살 차이나 나는 이윤미 씨를 그냥 어린(?) 여자 연예인으로 보았을 뿐이다. 그러다가 우연히 이윤미 씨의 미니홈피에 들어가게 됐다. (당시 미니홈피가 선풍적인 인기여서 서로 친분을 쌓으면 다들 인사치레로라도 들어가곤 했다.) 사진첩을 살펴보는데 클릭하는 사진마다 이윤미 씨는 입을 크게 벌리고 아주 활짝 웃는 얼굴로 찍혀 있었다.

그걸 보는 순간 쿵 하고 가슴이 내려앉았다. 그는 당시 배우자기도를 하고 있었는데 그것과 일치했기 때문이다.

바로 '활짝 웃는 여자'.

그 순간 주영훈 씨는 이윤미 씨가 하나님이 자신에게 보낸 배우자라고 생각했다. 그 후 (일 때문에) 다시 이윤미 씨를 만났을 때 얘기를 나누다 보니 자신이 원하는 배우자상과 거의 일치한다는 결론에 이르렀다. 추

구하는 비전까지 일치했다. 그 둘, 다들 알다시피 아름답게 살고 있지 않은가?

주영훈 씨는 배우자기도를 할 때 반드시 겉모습에서 판단할 수 있는 항목 하나 정도는 구체적으로 가질 것을 조언했다. 실제로 주영훈 씨는 '활짝 웃는 여자'라는 기도 제목 때문에 아내 이윤미 씨를 발견할 수 있었다.

둘째,
영양가 없는 남정네들을
빨리 제거(?)할 수 있다

싱글들은 오다가다, 또는 이런저런 상황들로 무수한 남정네들을 만나게 된다. 물론 이때는 남녀라는 계급장을 떼고 일이나 사역으로 만나는 것이다. 그런데 이렇게 남녀라는 계급장을 떼고 만났음에도 순간적인 분위기에 흔들려서 남녀 관계로 발전할 수 있다. 일 때문에, 혹은 사역 때문에 '밤늦게 단둘이' 차를 마시게 됐을 때, 분명히 공식적인 만남임에도 불구하고 애매하고 묘한 감정에 휩싸일 수 있다. 그것도 분위기 좋은 노천카페에서 머리카락을 살짝 흐트러뜨릴 만한 밤바람이 살랑살랑 불기라도 하면, 아이고~ 갑자기 멜랑꼴리한 전류가 흐를 수 있다.

오늘밤 자고 나면 언제 그랬냐는 듯이 말짱해질 순간의 감정이라도 이런 만남이 어쩔 수 없이 서너 번 이어지게 된다면 잠시 흔들렸던 감정의 동요가 폭풍처럼 휘몰아쳐서 심장과 머리를 헤집고 다닐 수 있다.

이럴 때 배우자기도가 없다고 가정해 보자. 이성보다 감정에 먼저 휘둘릴 가능성이 크다. 다행히 그 상대가 배우자로서 정말 좋은 사람이라면 정말 쌩유지만, 혹시 그렇지 않다면 폭풍 감정에 휘둘려 섣불리 깊은 만남으로 이어지면 큰 문제다. 어쩌면 그 사람 때문에 진짜 좋은 남정네를 지나쳐 보낼 수 있다. 원래 사랑에 빠지면 다른 사람은 눈에 보이지 않지 않은가.

반면에 오랜 시간 배우자기도를 하고 있었다면 어떤가? 순간의 감정에 흔들렸어도 다시 마음을 가다듬고 '이 사람이 내가 진짜 원하는 사람인가?'를 따져 볼 수 있다. 그때 기도 제목과 일치하는 사람이라면 '하나님이 드디어 응답하셨구나' 하고 기뻐하며 은혜로 받게 된다.

셋째,
자기 자신을
업그레이드할 수 있다

우리는 결혼과 동시에 행복한 가정을 만들어 갈 파트너를 찾기 위해 배우자기도를 한다. 그렇다면 다시 한 번 묻고 싶다. 그대는 과연 상대 남자에게 좋은 배우자인가?

좋은 배우자를 기대하며 기도하는 시간은 늘 자신을 돌아보는 시간이라고 생각한다. 배우자를 위한 기도 제목을 작성하면서 자신의 모습을 다듬는 기회를 가질 수 있기 때문이다.

좋은 남편만 있고 좋은 아내가 없다면 가정의 균형이 깨져서 행복으로 가는 길이 험난할 수 있다. 그러므로 좋은 배우자를 구하는 기도는 좋은 배우자가 되기 위한 기도와 병행되어야 한다. 멋있고 자상한 남편을 구하는 것에 머물지 말고 자신도 지혜롭고 성숙한 아내감이 되도록 기도한다면 그야말로 일석이조, 가재 잡고 도랑 치기, 뭐 이런 효과가 아닐까 한다.

배우자기도조차 몰랐던 나는 당연히 '나 자신이 좋은 아내감인가'를 물어본 적이 없다. 단순히 필 꽂히는 남자 만나서 결혼하면 그만이라고 생각했다. 하지만 그때 내가 배우자기도를 알았더라면 먼저 나 자신에 대한 기도부터 했을 것 같다. 현숙한 아내, 현명한 어머니가 되기 위한 여러 가지 항목들을 하나님께 구체적으로 구했을 것 같다. 이미 유부녀가 된 나는 어쩔 수 없다지만 지금 싱글녀들은 맘껏 기도할 수 있는 기회가 있으니 그 자체만으로도 부러울 수밖에.

내가 만약 싱글일 때 '배우자기도'를 했더라면
그 남자를 만났을 때 불안하지도, 망설이지도 않았을 거야. 행복해하라고.
지금 그대는 하나님이 보내 주신 배우자 감별기를 가진 것이니까.

좋은 배우자를
기대하며 기도하는 시간은
늘 자신을 돌아보는 시간이 된다.

Chapter 13

욕심을
버리면
좋은 남자가
보여

한 번 생각해 보자.

Q 하나님이 침묵하시는 이유는?
　1 기도 응답에 대한 거절?
　2 기도 응답에 대한 찬성?

사실 다른 사람이 이런 질문을 해온다면 우리는 분명히 둘 다 하나님의 응답일 거라고 대답해 줄 것이다. 하지만 그것이 내 문제이고 더구나 결혼에 관한 기도라면 해답을 찾기가 모호해진다. 아니, 어쩌면 약간은 속이 불편해지면서 하나님이 원망스러워질 수도 있다.

하나님도 때로
침묵하실 때가 있다

아무리 눈물 콧물 다 짜내며 부르짖어도, 지하 3m 암반수를 발견할 만큼 땅이 꺼져라 한숨을 내쉬며 깊이 탄식해도, 하나님은 묵묵부답으로 묵비권을 행사하실 때가 있다. 제발 모기처럼 작은 목소리라도 'yes or no'를 말씀하시면 좋으련만 야속하게도 오랫동안 침묵하신다.

흔히 침묵은 말없는 동의라고들 하는데 그렇다면 하나님의 침묵은 내 기도를 들어주시겠다는 응답의 뜻인가? 아니면 반대일까? 아무리 고민해 봐도 한없이 작은 우리로서는 그 뜻을 헤아릴 수가 없다. 여기서 중요한 한 가지가 있다. 바로 절대 기도줄을 놓지 말라는 것이다. 오늘까지 침묵하셨어도 내일 입을 여실 수도 있기 때문이다.

30대 중반의 자매가 한 남자를 만났다. 그는 '머리부터 발끝까지 다 사랑스러워'가 아니라 안타깝게도 머리부터 발끝까지 다 '아니올시다'였다. 아무리 눈 씻고 찾아봐도 뭐 하나 맘에 드는 구석을 찾을 수가 없었다. 하지만 그 청년, 어찌나 열렬히 구애하는지 결국 자매는 몇 달간 만나보기로 했다. 울며 겨자 먹기 심정이었다. 하지만 도무지 자매의 마음은 열리지 않았고 하는 수 없이 하나님께 진지하게 기도해 봐야겠다 싶어 한 달간 휴식기를 가져 보자며 잠정적으로 헤어졌다.

휴식기에 접어든 자매는 하나님께 기도하기 시작했다.

"하나님, 그가 당신이 주신 배필인지 아닌지 얼른 대답해 주세요. 시간이 없어요."

그런데 하나님은 한 달이 다 지나도록 묵묵부답 침묵하셨다. 대체 그 청년을 다시 만나라는 건지 아닌지 자매는 답답했고 그녀가 선택한 해결책은 아예 다른 뉴페이스를 만나자는 것이었다. 잘생긴 사람, 조건 좋은 사람, 매너 좋은 사람, 집안 좋은 사람 등 그녀는 '좋은 조건'의 남자들만 골라서 만나기 시작했다. 그런데 이상한 건 화려하고 스펙 좋은 남자들을 만나면 만날수록 자매에게 남는 건 허탈함과 상실감뿐이었다.

이유는 딱 하나, 그들은 그녀를 온 맘 다해 진심으로 사랑하지 않는다는 것이었다. 그러면서 자매는 못난이 형제가 그 어떤 남자들보다 자신을 정말 사랑한다는 것, 사랑받는 기분이 어떤 것인지를 저절로 깨닫게 되었다.

그렇다. 때때로 하나님은 우리의 기도에 바로 'yes or no'라고 응답하시지 않고 우리 스스로 깨달을 때까지 침묵하신다. 깨달아야 순종도 쉽기 때문이다.

하나님은 선하시다. 아닌 일에 억지로 등 떠밀지 않으실뿐더러 맞다고 우리를 설득하시지도 않는 분이다. 배우자기도를 하기 전에 이 점을 먼저 믿어야 할 것이다.

믿자. 믿고 또 믿자. 믿는 도끼에 발등 찍힐 일 하나님한텐 절대 없다. 하나님은 선하시다. 선하신 그분이 우리를 어찌 어둠의 골짜기로 내몰겠는가? 하나님은 그대를 정말 사랑하신다. 분명 그대에게 꼭 맞는 남정네와 맺어 주실 것이다. 조금 더 인내하며 기다려 보자.

찾아온 남자가
기도 제목과 다를 수 있다

'휴우, 이 남자 고백을 받아들여 말아? 사귀어 볼까? 아냐, 내가 한 배우자기도랑 다른 사람인데…?'

나의 후배 중에는 믿음이 신실한 자매가 있다. 4년 전쯤 그녀는 몇 날 며칠을 머리가 지끈거리게 고민했다. 이유는 그녀 앞에 나타난 남자가 배우자기도 제목과 일치하지 않았기 때문이다. 그녀는 서른 살 즈음부터 배우자기도를 하기 시작했는데 제일 중요하게 생각하는 기도 제목은 딱 두 가지였다.

첫째, 믿음이 신실한 사람. 당연했다. 신실한 자매들의 배우자기도 제목에서 절대로 빠질 수 없는 항목이지 않은가!

둘째, 아버지를 일찍 여읜 그녀는 그녀의 배우자가 아버지의 빈자리를 이해해 주고 채워 주길 바랐다.

두 가지 기도 제목을 붙들고 기도하던 중에 한 남자를 만났다. 그녀도 그에게 호감을 느꼈고 그가 먼저 사귀어 보자고 고백했다. 그런데 문제는 그가 그녀의 첫 번째 기도 제목인 크리스천이어야 한다는 조건과 맞지 않았다. 마음으로는 강하게 끌렸지만 배우자 기도 제목과 일치하지 않았기 때문에 하나님이 보내신 배우자가 아니라고 생각하고 마음을 접으려 했다. 하지만 이미 사랑의 화살을 맞은 그녀는 마음을 돌리기가 너무 어려워 몇 날 며칠을 고민했던 것이다. 그리고 어렵게 결단했다. 그의 고백을 거절하기로.

며칠 후 약속 장소로 나가서 그에게 크리스천이 아니기 때문에 만날 수 없다는 거절 의사를 밝혔다. 그녀의 거절에 실망한 그는 아무 대답이 없었다. 한참을 침묵하던 그가 이렇게 말했다.

"그럼, 내가 교회에 한번 나가 볼게요."

그의 한마디는 마치 하늘에서 내려온 동아줄 같았다. 그녀도 강하게 마음이 끌리는 그를 애써 외면하자니 얼마나 괴로웠겠는가? 그런데 그가 비록 믿음이 신실한 청년은 아니나 믿음 생활을 시작해 보겠다고 했으니 이제 그를 만나지 않을 '명분'이 없어진 것이다.

얼마나 다행이었겠는가. 그렇게 둘은 연애를 시작했고 사귀는 동안 그의 믿음이 조금씩 성장했다. 후배는 그가 노력하는 모습을 높이 샀고 결국 둘은 결혼했다. 4년이 지난 지금, 그들은 신실한 믿음의 가정을 꾸리고 있다.

그녀가 얼마 전 자기가 한 달 전쯤 기도하다가 문득 깨달았다면서 이런 간증을 했다.

"내 배우자기도는 그대로 딱 맞았더라구요. 처음엔 내가 배우자기도 한 것과 남편이 다르다고 생각했는데 4년이 지난 후에 보니까 제가 생각한 두 가지가 남편과 꼭 맞아떨어지는 거예요. 그 응답의 결과가 4년이 지나서야 나타난 거죠."

오랜 시간 배우자기도를 했건만 당장 눈앞에 나타나지 않을 수 있다. 때로 눈에 보이는 것으로 내가 판단할 게 아니라 하나님께 판단을 맡겨야 할 때가 있다. 하나님은 그대의 맞춤형 배우자를 당장 데려다 놓으실 수도 있지만 한편으론 장기적으로 제작하실 수도 있다.

혹시 괜찮은 형제를 발견했는데 그대의 기도 제목과 일치하지 않는다고 무조건 거절하지 말기 바란다. 일단 좀 더 신중하게 지켜보기 바란다. 눈에 보이는 상황만으로 하나님이 응답하셨다, 안 하셨다고 스스로 판단하지 말자. 계속 헷갈리고 고민된다면 자신의 생각을 빼고 담백하게 기도해 보자. 그리고 조심스럽게 만나 보자. 지금 만나러 가는 건 연애를 시작할까 말까의 단계이지 결혼하러 가는 게 아니다.

한두 번 만나 봤더니 처음에 느낀 호감이 착각이었음을 깨달을 때도 있다. 그렇다면 오히려 미련이 안 남아서 좋지 않은가. 반대로 기도 제목과 한두 가지 맞지 않아서 꺼려졌지만 만나다 보니 맞지 않은 기도 제목조차 맞아 들어가는 경우도 있다. 나의 후배처럼 말이다. 그렇다면 그거야말로 전화위복이 아닌가!

하지만 그 점이 끝까지 꺼림칙하다면 그땐 가차 없이 돌아서야 한다.

결혼하면 괜찮아지겠지, 이미 정이 들어 버렸잖아 같은 합리화는 금물이다.

다시 본론으로 돌아가서!

배우자기도 제목이 만나는 사람에 대한 분별력을 키워 줄 수도 있지만 때로는 적혀 있는 글자에 가려져 정확한 판단을 흐릴 수도 있다. 그러니 조금만 신중했으면 좋겠다. 아주 조금만. 신실한 그대라면 분명 잘할 수 있다.

하나님은 절대로 우리를 배신하지 않아.
'아무 말씀 안 하신다고, 남자가 기도한 내용과 다르다'고
성급하게 돌아서지 마.
하나님이 보내신 배우자는 반드시 알게 해주시더라구.

Chapter 14

고수는 사람을 보고, 하수는 돈을 본다

예전에 내 친구한테 일어난 재미있는 일이다.

내 친구가 일행이랑 카페에 있는데 어떤 남자가 그녀에게 다가와서 이렇게 말했다.

"저쪽에서 계속 당신을 지켜보고 있었는데 내가 찾던 이상형과 일치합니다."

내 친구는 순간 그의 외모를 위아래로 죽 스캔해 보았다. 일단 노총각 냄새 폴폴 풍기는 그냥 그런 아저씨 스타일이다. 당연히 친구의 대답은 'No'.

그런데 그녀의 거절을 아쉬워하며 카페를 나서는 그 앞에 발레파킹 되어 있던 차가 당도했는데 누가 보아도 입이 떡 벌어지는 외제차가 아닌가! 차만 보았을 때 그는 일단 부자로 추정되었다. 그 순간 내 친구, 뻔뻔하지만 뛰어 나가서 한번 만나 볼까 싶어서 엉덩이를 반쯤 들썩였다는 얘기를 농담 반 진담 반으로 했다.

그 얘기를 들으면서 '만약 나라면?' 하고 상상한 기억이 있다.

Q 만약 당신이 내 친구와 똑같은 상황이라면?
  1 에이, 이미 엎질러진 물, 아쉽지만 그냥 떠나보낸다.
  2 자연스럽게 쫓아 나가 은근히 말을 건네 본다.

'결혼' 하면 참 많은 것들이 줄줄이 연결되어 생각난다. 집안, 돈, 학력, 직업, 외모… 어느 것 하나 빼놓을 수 없다. 하지만 그 모든 걸 갖춘 남자는 그림의 떡이지 않겠는가. 결혼은 십대 시절 짝사랑하듯 바라만 보아도 행복하고 향기 나는 핑크빛 사랑과 다르다. 사랑의 감정 이면에는 엄연한 현실이 버티고 있다. 특히 '돈' 문제만큼은 민감하다.

누군가는 사랑은 없고 돈만 많은 남자랑 살면서 부족한 사랑만큼 명품 신상을 사들이고, 해외여행을 다니며, 돈을 물 쓰듯이 쓰고 다닌다고 했다. 또 누군가는 학벌이 정말 안 따라 주지만 집안에 워낙 돈이 많아서 그것 하나로 승부를 걸었다고 했다.

그들은 결혼생활을 '돈'으로 위로받고 있었다. 그러나 인생의 낙은 없다고 했다. 우리는 인생을 살면서 돈 때문에 울고 돈 때문에 웃기도 하지만 돈이 완벽한 행복을 보장해 주지 않는다는 걸 잘 안다.

돈이냐 사랑이냐, 그것이 문제로다

매력적인 P양, 서른이 넘어 만난 S군과 사랑에 빠졌다. 둘은 성격도 취향도 찰떡궁합이었고, 잘 어울리는 선남선녀 커플이었다. P양은 진짜 친한 몇몇에게만 얘기하고 한동안 비밀 연애를 즐겼다. 사내 커플인데다 혼기가 꽉 찬 나이인지라 신중하자는 생각에서였다.

그 사이 그녀가 연애 중이라는 걸 모르는 회사 선배(30대 후반의 노총각)가 그녀에게 고백을 했다. 그동안 좋아했노라고. 그녀는 조심스럽게 거절했지만 그는 언제든 그녀의 마음이 돌아서기를 기다리겠다고 했다. 그런데 얼마 후 그녀를 대학 때부터 짝사랑해 오던 선배가 일본 유학을 마치고 돌아와서 그녀를 찾아왔다. 자기는 10년 동안 오로지 한 사람만을 생각했다면서 결혼을 전제로 사귀자는 프러포즈를 한 것이다. 역시나 그녀의 대답은 No였다. 그래도 그 선배는 쉽게 포기하지 않고 수시로 연락하며 관계의 끈을 놓지 않았다. 그래도 그녀의 마음은 흔들리지 않았다. 오히려 P양과 S군의 사랑은 탄탄대로였고 얼마 지나지 않아 청첩장을 돌리며 기쁜 소식을 알려 줄 것 같았다.

그러던 어느 날, 그녀가 애인한테 헤어지자고 통보했다. 이유는 그의 집안 형편 때문이었다. 그의 집이 사업을 하다가 갑자기 잘못되는 바람에 약간의 빚이 생겼고, 그와 결혼할 경우 제대로 된 전셋집 하나 얻기도 힘든 상황이 되었다.

'삼십대 중반에 하는 결혼인데… 전셋집 하나 없이 어떻게 결혼한다는 거야?'

'지금까지 기다린 보람도 없이 힘든 상대랑 결혼해야 되는 건가?'

P양은 '돈'이라는 걸림돌을 그냥 지나칠 수 없어서 헤어지기로 결심한 것이다. 그런데 그녀가 언제든 마음 주기만을 기다리고 있는 회사 선배와 대학 선배는 둘 다 여유 있는 집안의 아들들이었고 결혼하면 30~40평대 아파트에서 시작할 수 있었다.

그녀는 나이라는 상황에 몰려 꼭 결혼하고 싶었고, 그 둘 중 한 명과 결혼하면 편안하게 출발할 수 있을 것 같아서 마음이 흔들리기 시작했다. 그녀는 친구들에게 고민을 털어놓았다.

한 친구가 물었다.

"P야, 사귀는 그 사람을 생각할 때 제일 먼저 떠오르는 이미지 다섯 가지만 말해 봐."

"따뜻한 사람이다, 믿음이 간다, 자기 일을 열심히 한다, 사람들한테 예의 바르다, 자신감이 넘친다."

"그럼 널 짝사랑하는 사람들은?"

"한 명은 착하다, 우유부단하다, 늘 허허실실이다, 카리스마가 없다, 놀기를 좋아한다."

"다른 한 명은?"

"편안하다, 똑똑하다, 자신감이 부족하다, 남의 눈치를 본다, 나한테 너무 집착한다."

"P야, 넌 지금 만나는 사람을 확실히 좋아하네. 다른 사람들한테 떠올린 이미지는 네가 못 미더워하는 부분이 많잖아."

친구가 웃으면서 말했다. 확실히 그랬다. P양의 마음속엔 S군이 꽉 차 있었고 다른 두 명의 남정네에겐 별로 끌리지 않았다. 그런 그녀를 본 다른 친구가 충고했다.

"P야, 결혼생활에서 돈 진짜 중요해. 그래도 냉정하게 생각해서 나머지 두 사람이 100억대 이상의 재산을 가졌다 한들 아무것도 보지 말고 결혼하라고 말할 수 있을까? 단순히 그들이 아파트를 가지고 있다 없다 이런 사실만으로 결혼을 결정하는 건 말도 안 돼. 인생 길다. 시작은 좀 편하게 할지 몰라도 길어야 5년에서 10년 차이일 거라구. 눈앞의 것만 가지고 판단하지 마."

반 년이 지나서 P양이 결혼을 했다. 그 상대는… 바로 S군이었다. 물론 그 둘은 가지고 있는 돈을 박박 긁고 대출을 받아서 아주 작은 전셋집을 얻었다. 그리고 열심히 맞벌이를 하며 돈을 모았고, 5년이 지난 후 넓고 깨끗한 아파트를 분양 받아 예쁘게 잘 살고 있다.

당장 눈앞의 상황으로 중요한 걸 놓치지 말라던 친구의 충고가 맞았던 것이다. P양은 그때 잠깐의 잘못된 판단으로 S군과 정말 헤어졌더라면 어땠을지 생각만 해도 아찔하다고 했다.

프로는 사람을 보고 아마추어는 돈을 본다는 말이 있다. 배우자도 마찬가지다. 프로는 당장의 지갑을 보지 않는다. 그가 지갑을 두껍게 채울 수 있는 능력과 성실함을 갖춘 사람인지를 판단한다. 물질의 유혹을 뿌리치는 건 쉽지 않다. 하지만 물질보다 더 중요한 걸 볼 수 있는 혜안을 키우기 바란다. 그리고 물질보다 사람을 먼저 볼 줄 아는 지혜를 하나님께 구하자.

> 채소를 먹으며 서로 사랑하는 것이 살진 소를 먹으며 서로 미워하는 것 보다 나으니라 _잠언 15:17.

인생에서 돈, 중요하다. 결혼에서도 돈, 중요하다.

생활비 아끼려고 콩나물 100원 더 깎고, 택시 타면 금방인 거리도 버스 타고 가고… 싱글일 때는 이런 것 생각조차 안 하지만 아줌마가 되면 저절로 하게 된다. 돌아가더라도 물건 싸게 파는 가게를 찾는 게 아줌마다.

결혼 전엔 그저 자기 한 몸 치장하면 그만이지만 결혼하면 자기 한 몸 버리더라도 알뜰해질 수밖에 없다. 돈이 많아서 택시 타고 비싼 외식 마음껏 한다면 가계부에 적힌 몇 천 원을 맞추느라 고민하지 않아도 될 테니 당연히 편하다. 하지만 매일 부부 싸움을 하면서 고기를 먹어 봐야 그게 어디 제대로 소화되겠는가. 분명히 위장에 탈나는 것은 기본이요, 스트레스로 화병이나 우울증, 둘 중 하나는 달고 살 것이다.

오직 돈 때문에 사랑을 포기하는 건 어리석은 행동이다.

결혼해 보니까 말이야, 당장 큰돈이 없어도 열심히 벌고,
알뜰하게 저축하면 싱글일 때보다 빨리 부자로 거듭날 수 있어.
그러니까 집이 좀 가난해도 성실한 남자면 가능성이 있다고 생각해.
하지만 빚이 많은 남자는 안 돼.

Chapter 15

폼생폼사가
그렇게 좋아
?

엄마가 늘 하던 말이 있다. 남자는 옷만 깨끗하게 입으면 다 괜찮아 보인다고. 그러니 남자 외모 보고 결혼 상대 찾지 말라고. 얼굴 뜯어먹고 사는 거 아니라고. 선배 언니가 말했다. 결혼해서 살아 보니 남편감 조건 중에서 제일 중요하지 않은 게 얼굴이라고. 나 역시 결혼해서 살아 본 결과 얼굴이 잘생기나 못생기나 한 집에서 부대끼다 보면 정이 들어서 웬만하면 호남형으로 보인다는 걸 깨닫게 됐다.

처음에 만날 땐 일단 외모에 호감이 가야 마음을 열게 되는데 결혼해서 살다 보면 빼어난 미모도, 호박 같은 외모도 별로 중요하지 않다. 착하냐, 못됐냐, 따뜻하냐, 능력 있냐, 게으르냐, 깨끗하냐 등 수많은 성품의 조건이 결혼생활에 미치는 영향이 훨씬 더 크기 때문에 얼굴은 자연스럽게 저 뒤로 밀려나 버린다. 이건 살아 보면 깨닫는다. 누가 말 안 해도 저절로.

그렇지만 싱글녀로서는 외모를 포기하기가 쉽지 않다. 이왕이면 다홍치마라고 훈남이랑 팔짱 끼고 다녀야 어깨도 으쓱해지니까 그 심정 이해한다. 그럼에도 꼭 말하고 싶은 건 단지 외모만 보고 판단하지는 말라는 것이다. 너무 교과서 같은 얘기라서 진부한가? 그래도 어쩔 수 없다. 그게 사실이니까.

특히 남자들의 경우는 더 그렇다. 여자는 얼굴을 성형하든 다이어트로 살을 확 빼든 뭔가 눈에 띄는 변화가 있어야 예뻐졌다고 생각하지만, 남자는 헤어스타일 바꿔 주고, 옷 스타일만 조금 바꿔도 훈남으로 재탄생된다. 여자들 입장에선 좀 억울한 일이지만 남자들은 변신의 폭이 좀 더 너그럽다. 때문에 남자의 폼생폼사에 눈이 멀어 영 아니올시다인 사람한테 풍덩 빠지거나 너무 괜찮은데 비주얼이 아니라서 마음속에서 곧바로 삭제해 버리지 말라.

왜? 남자는 여자하기 나름이니까.

저기 촌구석에서 올라온 것 같은 남정네도, 나이 열 살은 더 들어 보이는 남정네도 어떤 손길로 매만지느냐에 따라 180도 다른 사람으로 변화될 수 있다. 그러므로 여자는 일단 겉모습보다 내실이 좋은 남자를 쏙쏙 골라내야 한다. 그런 다음 그에게 물 주고, 영양분 주고, 가끔씩 쨍쨍한 햇살도 비춰 주면서 예쁘게 가꿔 주면 된다. 얼마 지나지 않아 깜짝 놀랄

만큼 싱싱한 꽃이 피는 걸 확인하게 될 것이다.

우리 남편이
달라졌어요

얼마 전에 집안 정리를 하다가 남편이 날 만나기 바로 직전 회사에서 찍은 사진을 발견했다. 그걸 보고 정말 화들짝, 글자 그대로 '화들짝' 놀랐다. 세상에나! 남편의 헤어스타일이 5:5 가르마인 게 아닌가! 그리고 새삼스레 과거를 떠올렸다. '아, 내 남편, 나 만나기 직전까지 진짜 촌스러웠구나' 하는 사실이….

희한한 건 남편과 사랑이 처음 싹틀 무렵 난 남편이 촌스럽다는 걸 전혀 알아채지 못했다. 눈에 콩깍지가 씌면 아무것도 안 보인다는 말이 맞다. 왜냐하면 난 기본적으로 스타일리시한 남정네를 좋아해서 길거리를 지나가든 쇼핑을 하든 잠깐 스쳐 지나가는 남자일지라도 패션 센스가 있는 남자라면 얼굴이 아무리 못생겨도 눈이 먼저 따라가곤 했다. 그랬던 내가 남편이 패션 테러리스트라는 사실을 아예 몰랐던 것이다. 콩깍지가 한 30cm는 씌었던 거다. 심지어(사귀기 전 일하면서 마주칠 당시에) 옷을 잘 입는다고까지 생각했다.

그러다가 남편의 패션을 제대로 직시한 건 연애 초반 어느 날 남편이 입은 면바지를 본 순간이었다. 당시 스물아홉 살이던 남편의 면바지는 중년 아저씨가 입음직한 스타일로 허릿단에 주름이 잡혀 있었고 허격,

배바지였다. 지금 유행하는 하이웨이스트와 차원이 다른 스타일의 배바지. 그걸 문득 깨닫고 나서 남편의 상의를 봤더니 남자 고등학생들이 도서관 갈 때 입으면 딱 좋을 스타일의 체크무늬 셔츠를 입고 있는 게 아닌가!

아뿔싸! 그동안 난 그의 뭘 봤던 걸까? 그냥 얼굴만 봐도 좋았던 걸까? 그를 패션 테러리스트인 상태로 방치했다는 사실에 깊은 책임감을 느끼며 조심스레 물었다.

"저기… 이런 옷은 누가 샀어요?"

"직접 샀어요."

남편이 해맑게 대답했다. 오마나! 내 남친의 패션 센스가 이렇게 꽝이라니! 다시 물었다.

"이 옷, 예뻐서 산 건가요? 마음에 들어요?"

남편의 대답이 가관이었다.

"솔직히 예쁜지 미운지 잘 모르겠어요. 옷 사는 게 귀찮아서 그냥 옷가게 가서 제일 먼저 눈에 들어오는 옷 들고 나온 거예요. 입어 보지도 않고."

안 돼! 안 될 일이었다. 마음에 들어서도 아니고, 귀찮아서 눈에 보이는 옷 아무거나 샀다는 게 말이나 된단 말인가! 어찌 그리 자기 옷에 성의가 없을 수 있단 말인가. 모든 옷을 그런 식으로 샀다는 것이다. 심지어 머리는 미용실에서 잘랐다가, 이발소에서도 잘랐다가, 발길 닿는 대로 다닌단다. 20대 젊은이가 이발소라니… 진짜 너무했다.

그에게 옷은 몸을 가리고 추위를 막기 위한 도구요, 헤어스타일을 바꾼다는 건 머리카락이 길어지면 불편하니까 해야 하는 커팅에 불과했다. 그는 뷰티의 개념을 안드로메다보다 더 먼 곳으로 보내 버렸나 보다.

그날부터 나는 남편 개조 작업에 착수했다. 함께 옷을 사러 다니며 그의 패션을 싹 바꾸기 시작했고, 내가 다니는 미용실로 데려가서 유행하는 헤어스타일로 바꾸었다. 안경테도 바꾸고 신발도 바꾸었다. 그러자 그를 알고 지내던 사람들이 남편더러 세련돼졌다고 칭찬하기 시작했고, 시간이 점점 지날수록 과거 패션 테러리스트의 풍모는 사라졌다.

나는 남편의 변화를 떠올릴 때마다 '우린 부부로 맺어질 인연이었나 보다'고 생각하곤 한다. 평소 잘생기지 않아도 패션 센스가 있는 남자에게 후한 점수를 주던 내가 남편이 패션 테러리스트인지조차 인식하지 못했으니 하는 말이다. 그랬기에 사랑을 모락모락 피워서 지금의 가정을 꾸릴 수 있었던 게 아닐까.

남자의 패션, 외모, 정말 중요하지 않다. 폼생폼사에 현혹되지 마라. 다시 한 번 말한다. 남자는 여자하기 나름이다. 사랑하는 그녀의 손길이 닿는 것만으로도 몰라보게 변할 수 있다. 겉모습만 보고 속마음을 속단하지 말기 바란다. 겉모습에 눈이 멀지 않기를 진심으로 당부한다.

그래도 타협할 수 없는 게 있다면…

그럼에도 불구하고 무조건 못생겨도 된다, 키 작아도 된다, 뚱뚱해도 된다고 말하지는 않으련다. 사람들은 말한다. 외모는 중요하지 않다고. 하지만 내가 말하고 싶은 건 외모가 무조건 중요하지 않다는 게 아니라 외모 때문에 괜찮은 내면을 놓치지 말라는 것이다.

저마다 외모 중에 이것만큼은 절대 타협할 수 없다는 것이 있다. 어떤 이는 다른 건 몰라도 배 나온 남자는 절대 싫다고 하고, 또 어떤 이는 얼굴이 긴 건 절대 싫다고 하고, 또 다른 이는 털 많은 남자는 절대 싫다고 하고, 저마다 이것만큼은 양보하고 싶지 않은 것이 있다.

내 경우는, 예전에 루저 발언으로 파문이 일어서 말하기 조심스럽지만, 키 작은 남자였다. 아담한 남자들이 혹시 화를 낼까 봐 미리 고백하면 키 작은 남자 자체가 싫다기보다 전적으로 나의 콤플렉스에서 기인한 기준이었다.

키가 작지 않은데다 평생 깡마른 말라깽이 시절이 없던 나는 아담한 여자 콤플렉스가 있었다. 난 작고 귀여운 체형이 진심으로 부러웠다. 내가 좋아하는 여자 연예인들을 보면 대개 아담하고 귀엽다. 이 때문에 키가 작은 남자보다는 키가 큰 남자랑 있어야 상대적으로 내가 아담해 보이는 것 같아서 키 큰 남자를 선호했던 것이다.

대학 1학년 때 소개팅으로 만난 남자와 처음으로 연애라는 걸 해봤다.

소개팅 장소인 카페에 갔더니 그가 먼저 나와 기다리고 있었다. 소개팅에 걸맞게 인사하고, 소개하고, 이런저런 대화를 하기 시작했다. 20년을 산 그때까지 그렇게 재미있는 사람은 처음 본 것 같다. 그가 입만 열었다 하면 웃음이 빵빵 터졌다. 난 그의 유머러스함에 마음이 기울었다.

그는 저녁을 먹기 위해 자리를 옮기자고 했다. 그 제안을 흔쾌히 받아들이고 자리에서 일어서는데 곧 대반전이 일어났다. 의자에 앉아 있던 그가 일어서는데 아~ 너무 짧았다. 앉아 있을 땐 전혀 몰랐다. 그러나 일어나는 순간 그의 키는 나랑 거의 비슷했다.

그래도 괜찮았다. 그의 키를 확인하기 전에 이미 그의 유머에 마음이 넘어간(?) 상태여서 작은 키가 그렇게 중요하지 않았던 것이다.

그런데 그와 만나기 시작한 지 얼마 안 돼 그와 데이트를 하려면 어쩐지 스트레스를 받고 있는 나를 발견하게 되었다. 바로 신발 때문이었다. 그보다 아담해 보이고 싶던 난 대학에 들어가면서 야심차게 산 하이힐을 단 한 켤레도 신을 수 없었던 것이다. 학창 시절에 신던 운동화와 별반 다름없는 단화만 신었고 신발장에서 먼지만 쌓여 가는 힐들을 볼 때마다 속이 쓰렸다. 결국 난 아담한 여자 콤플렉스 때문에 그의 작은 키를 극복하지 못하고 이별하게 되었다.

이것만은 절대 안 된다고 고집하는 상대방의 신체 부위는 나처럼 콤플렉스(사실 치유되어야 할 부분이다) 때문일 수도 있고 그대의 취향 때문일 수도 있다. '외모보다 내실'이라는 이유로 무조건 억지로 타협하라는 건 아니다. 다만 일단 몇 번 만남을 가지고 나서 그때 결정해도 된다는 걸 말하고 싶다.

어떤 사모님이 하나님은 아주 인격적인 분이기 때문에 딸인 우리가 정말 사랑하고 기뻐하는 남자를 만나기 원하신다면서 그 때문에 우리의 감정선까지 섬세하게 다루어 주신다고 말했다. 끝까지 싫다는 사람을 "네 배우자니라" 하며 억지로 연결시키지 않는다는 의미다.

당시의 나처럼 그의 다른 매력에 끌린다면 타협하기 힘든 부분이 있더라도 일단은 만나 보자. 그럼에도 절대 타협이 안 된다면 그 사람은 당신의 배필이 아니다.

타협하지 못하는 부분도 일단 주님께 편안하게 내려놓고 열린 마음으로 상대방을 바라보면 좋겠다.

솔직히 못생긴 사람보다 잘생긴 사람이 좋은 거, 당연한 감정 아니겠어? 그런데 살아 보니 잘생긴 남자보다 호감 가는 남자가 더 멋져 보이더라고. 너무 미남에 연연하지 말고 호감형을 찾아봐.

남자의 폼생폼사에 눈이 멀어
영 아니올시다인 사람한테
풍덩 빠지거나
너무 괜찮은데 비주얼이 아니라서
마음속에서 곧바로
삭제해 버리지 말라.

좋은 남자를

만나려면

차가운 머리,

날카로운 눈,

동시에

따뜻한 가슴이

작동해야 해.

잘못된 만남으로

상처입고

아프지 않도록

만나지 말아야 할

남자의 유형은

무엇인지

꼼꼼하게

따져 보자.

PART 3

나쁜 남자 골라내기

Chapter 16

'진짜'
나쁜 남자

VS.

'가짜'
나쁜 남자

'나쁜 남자.'

  조용히 입으로 되뇌어 보는데도 고 녀석 참 묘하다. 은근히 끌린다. '나쁘다'고 활자화되어 있는데도 이~상하게 안 나쁘게 여겨진다. 이게 대체 뭘까? '나쁜 남자'에 대한 이런 치명적인 끌림은 드라마나 노래가 한몫했다고 생각한다. 월드스타 우리의 비가 섹시한 춤을 추며 애절한 보이스로 "♬난 나쁜 남자야, 난 나쁜 남자야"를 외쳐대니 나빠 보이려야 나빠 보이지 않는 것이다.

  게다가 드라마의 남자 주인공들은 치명적인 옴므파탈로 여인들의 눈과 마음을 꽉꽉 사로잡으니 어찌 나쁜 남자가 나빠 보일 수 있겠는가? 나쁜 남자는 더 이상 착한 남자의 반대말이 아니라 매력 없는 남자의 반대말이 되어 버렸다.

예전에 독고진 열풍을 일으킨 드라마 〈최고의 사랑〉에서 나쁜 남자 독고진(차승원)과 착한 남자 윤필주(윤계상)는 구애정(공효진)에게 동시에 구애했다. 이 드라마가 한창 사랑을 받던 때 결혼정보업체가 미혼 여성 500여 명에게 아래와 같은 설문조사를 했다.

Q 〈최고의 사랑〉, 당신이라면 어떤 남자와 연애를?
1 나쁜 남자, 독고진
2 착한 남자, 윤필주

자, 당신이라면 누구와 더 연애하고 싶은가? 차승원, 윤계상이라는 인물을 빼고 순수하게 캐릭터만 기준으로 보기 바란다. 당시 무려 89%가 '나쁜 남자랑 연애하고 싶다'고 대답했다. 그 89%의 여성들에게 다시 물었다.

Q 나쁜 남자에게 끌리는 이유는?
1위 다른 여자한테는 나빠도 나는 달라, 나한테만은 잘해 줄 거란 믿음(41%)
2위 열 번 나빠도 한 번 잘해 주면 그 효과가 배가 되기 때문에 (29%)

3위 나라면 나쁜 남자를 착한 남자로 바꿀 수 있어!(13%)

실제로 심리학자들이 분석한 내용들과 설문조사 결과가 일치했다. 여자들한테는 애인이 자기한테는 잘해 줘도 다른 여자들에겐 불친절하기를 바라는 심리가 있다고 한다. 그래서 쌀쌀맞고 무례한 남자가 자기한테만큼은 상냥하게 대해 줄 때 왠지 기분이 좋아져서 그 남자에게 호감을 느낀다는 것이다. '아, 이 사람은 나만 좋아하는구나'라고 생각되어 그에게 끌리는 것이다.

대개 나쁜 남자들이 어떤가? 말도 툭툭 내뱉듯이 까칠하고 행동도 터프하다. 그런 모습을 긍정적으로 바라보면 남자다움이 레이저 광선처럼 빛을 발하는 것 같다. 상사의 말이라면 두 손을 비벼대며 굽실거리고, 길에서 싸움이 붙으면 흘끔거리며 뒷전에서 구경하는 주변의 유약한 남자들이 한없이 한심해 보이기까지 한다. 그들과 비교했을 때 나쁜 남자는 아무한테도 눈치 안 보고 할 말은 하고 보는 것이 정의롭고 용기 있어 보인다. 그러면서 점점 더 그 마력에 빠져드는 것이다.

자, 여기서 구별해야 할 것이 있다. 바로 나쁜 남자의 근본 성격이다. 나쁜 남자는 드라마 속 주인공들처럼 모든 여자들에게 무관심해도 내여자한테 만큼은 더없이 따뜻한 남자여야 한다. 그런데 문제는 여자들이 정말 나쁜 남자를 드라마 속 나쁜 남자로 착각한다는 것이다. 이때부터 불행이 시작된다.

터프한 남자의
부작용?

하루는 친한 후배한테서 전화가 왔다. 요즘 연애하는 남자가 있는데 내게 소개해 주고 싶다는 것이었다. 카페 문을 열고 들어서자 후배가 먼저 내게 손짓을 했다. 나의 눈은 그녀 쪽으로 걸어가면서 마치 레이더처럼 재빠르게 후배의 애인이라는 남자의 머리부터 발끝까지 좌르르 훑어보며 신상털기를 했다. 키 몇 cm, 몸무게 몇 kg, 인상은… 그 짧은 순간에 그에 대한 대략적인 느낌을 내 나름대로 파악하고 있었다. 내가 친동생처럼 생각하는 후배였기 때문에 그를 바라보는 내 눈이 더더욱 예리할 수밖에 없었다.

그런데 내 레이더망에 걸린 그의 '어떤 부분'이 계속 내 마음속에서 경광등을 울리고 있었다. 바로 인상이었다. 뭐라 딱 잡아서 말할 수는 없지만 굉장히 거친 사람일 것 같았다.

서로 인사를 하고 얘기를 나눴다. 후배와 그는 만난 지 두어 달밖에 안 된 사이여서 그런지 깨 볶는 냄새가 폴폴 났다. 그의 농담에 후배는 하하 호호 웃음이 끊이지 않았다. 나는 그들만의 데이트를 하도록 먼저 일어났다. 배웅을 핑계로 카페 밖으로 쫓아 나온 후배가 내게 물었다.

"언니, 저 사람 어때?"

눈을 동그랗게 뜨고 물어보는 그녀의 얼굴엔 좋은 평가를 해줄 거란 기대감으로 가득 차 있었다. 그런 그녀에게 내 찝찝한 느낌을 차마 말할 수가 없었다. 그렇다고 부풀려서 좋은 말을 해줄 수도 없었다.

"어… 그냥 밝은 사람 같네…."

얼버무리는 수밖에. 그녀에게 그의 어디가 좋은지 물었더니 터프하고 남자답다고 했다. 음… 터프와 남자라… 그 두 단어가 발단이었다.

두 달 후쯤, 후배는 그와 헤어졌다고 했다. 나와 만났을 때는 그렇게 깨 볶는 냄새가 진동하더니 아니 그새? 이유를 물었다. 그런데 그 이유가 충격이었다.

"휴우~ 언니, 내가 정말 드라마 속 여자처럼 될 줄 몰랐어."
"왜? 혹시 바람피웠어?"
"아니… 내가 정말 창피해서 언니한테 말을 못했는데…."
"뜸들이지 말구. 뭔데?"
"그 사람이 날 때리는 거야."

때린다! 그녀의 말을 듣는 순간 가슴이 쿵 내려앉으며 할 말을 잃었다. 동시에 내가 느낀 찜찜함의 정체가 그거였구나 싶었다.

두 달 전만 해도 그의 폭력성은 아직 발톱을 숨기고 있던 상태였다. 어느 날 사소한 말다툼을 했는데 퍽 하고 주먹이 먼저 날아오더란다. 주먹의 충격보다 때렸다는 사실이 더 충격적이었다. 너무 놀란 그녀는 바로 헤어지자고 이별을 통보했다. 그러자 그의 태도가 갑자기 돌변해서 손이 발이 되도록 빌더란다.(마치 드라마 〈사랑과 전쟁〉을 보는 것 같지 않은가!) 하지만 그녀는 냉정하게 돌아섰다.

그는 몇 날 며칠 그녀의 집 앞으로 찾아와서 매달리고 또 매달렸다. 그

PART 3 나쁜 남자 골라내기

런 그가 안쓰러워 '어쩌다 한 번 실수한 거겠지' 생각하고 다시 만났다.

얼마 후 그녀가 다른 남자 동료와 친하게 지내는 문제 때문에 싸우게 됐다. 직장 동료끼리 친하게 지내는 게 뭐가 문제냐고 따지고 묻자 갑자기 운전하던 차를 길가에 세우더니 옆에 앉아 있던 후배를 때리기 시작했다. 너무 놀란 후배가 차에서 내리려고 했지만 붙잡는 남자의 힘을 이길 수가 없었다. 얼마 후 제정신으로 돌아온 그가 후배에게 손이 발이 되도록 빌면서(상습범이다) 미안하다고 사과했지만 후배는 그와 더 이상 만날 수가 없었다. 집에 돌아와서 보니 여기저기가 멍투성이였다.

그가 그녀를 깨끗이 단념하기까지도 그녀는 너무 고통스러웠다. 안 만나 주는 그녀를 찾아와 협박하고, 또 주먹이 올라가고를 반복했기 때문이다. 다행히 이제 깨끗하게 정리되었지만 그와의 만남은 정말이지 기억 속에서 박박 지워 버리고 싶을 만큼 끔찍한 상처로 남았다.

후배의 얘기를 듣고 나서 나는 그때 내가 받은 솔직한 심정을 털어놨다. 이상하게 첫인상에서 뭔가 불길했다고, 이럴 줄 알았더라면 말릴걸 후회도 된다고. 하지만 설사 그때 내가 말렸더라도 서로 하트를 뿅뿅 쏘아대는 그 둘 사이를 갈라놓지는 못했을 것이다.

근본이 못된 진짜 나쁜 남자가 있다. 드라마 속 매력적인 나쁜 남자와는 차원이 다른 그야말로 폭력과 폭언을 서슴지 않는 진짜 나쁜 남자 말이다. 심리 전문가들은 "여자들의 착각 중 하나는 나쁜 남자를 자신의 사랑으로 개과천선시킬 수 있다고 믿는 것이다"라고 말한다. 하지만 그건 착각도 유분수로 엄청난 착각이라는 게 전문가들의 의견이다.

나쁜 남자의 폭력과 폭언은 가정환경과 인간관계, 과거의 트라우마 등이 뒤섞인 복합적인 심리의 산물이다. 전문가들도 이렇게 꼬이고 얽힌 심리 상태를 파악하려면 오랜 시간이 걸린다는데, 여기서 우리가 더 주의할 것은 그 전문가들도 '해결이 아니라 그저 파악일 뿐'이라는 것이다. 그런데 이미 하트 뿅뿅 날린 왜곡된 눈으로 어떻게 나쁜 남자를 파악할 수 있으며 더구나 그런 그를 어떻게 변화시킬 수 있단 말인가?

사람들과 어울릴 땐 마냥 웃는 양의 모습을 하고 있지만, 어느 순간 돌연 성난 늑대로 변하는 남자들을 주변에서 본 적이 있을 것이다. 혹시 그의 치명적인 옴므파탈에 빠져들려는 순간 꼭 판단해 보시라. 진짜 나쁜 남자인지 가짜 나쁜 남자인지를.

그리고 바보 온달을 장군으로 만들겠다는 평강 공주의 마음이 생긴다면, "난 사랑에 눈이 멀어 착각하고 있다"는 말을 소리 내어 백 번 해보라. 분명히 착각의 늪에서 빠져나오는 데 도움을 얻을 것이다.

방송국에서 만난 나쁜 남자 이미지를 가진 출연자에게
20대 후배들이 너무 끌린다고 했다.
하지만 이 출연자에게 몇 시간 끌려다닌 후배가 지친 목소리로 말했다.
"언니, 못되게 구는 저 사람한테 몇 시간 시달리고 났더니 급피로해졌어요."
그 후배가 남긴 고백을 명심해야 하지 않을까?

Chapter 17

연애선수男 vs. 연애초보男

잠깐 드라마 한 편을 찍어 볼까 한다.

철수랑 영희는 이제 막 사귀기 시작한 연인이다. 어느 날 둘이 저녁을 먹고, 영화를 보고, 간단하게 차 한 잔 마신 후 집에 가려고 나왔는데 밤 공기가 상쾌했다. 그래서 둘은 잠시 한적한 거리를 걸었다. 그러다 눈이 마주친 두 사람, 순간 두 눈에 짜릿한 불꽃이 튄다. 예전에 이휘재가 주인공으로 나온 MBC-TV의 〈인생극장〉과 같은 두 가지 선택 상황이 생긴다.

Q 만약 당신이 영희라면 어떤 스타일의 철수한테 더 끌리는지?
  1 말없이 영희를 담벼락에 밀어붙이고 로맨틱하게 키스하는 철수

PART 3 나쁜 남자 골라내기 149

2 "영희야, 나 지금 너랑 뽀뽀하고 싶은데… 허락해 줄래?"
친절하게 물어보는 철수

예상컨대, 대부분 1번 철수를 선택했을 것이다. 이유야 굳이 설명 안 해도 알 것이다. 여자들은 1번 밀어붙이는 철수를 남자답다고 생각해서 더 매력적으로 느낀다. 물론 2번 철수는 여자를 배려하기 위해 물어봤다는 건 인정한다. 하지만 막상 "너랑 뽀뽀하고 싶은데 해도 되니?"라고 물었을 때, 여자들은 뭐라고 대답해야 하는지 정말 난감하다. 대부분의 여자들은 싫어도 '싫어', 좋아도 '싫어' 속마음이 어쨌든 대답은 모두 '싫어'라고 대답할 것이다.

'그래'라고 곧이곧대로 대답할 수 있는 여자는 그리 많지 않다. 좋아도 싫은 척하는 게 여자의 본능적인 내숭이니까. 대체 눈치 없이 일일이 뭐 하러 묻나 싶다. 여자들은 당연히 2번 철수같이 착한 남자한테는 별 매력을 느끼지 못한다. 여자는 남자가 뭐든지 자신을 리드해 주길 원하고, 그런 남자가 '남자답다'고 생각한다.

연애도 경험에 의한 일종의 학습이다. 그래서 한 번 연애해 본 사람보다는 두 번 해본 사람이 더 유리할 수 있다. 데이트하기 좋은 장소나 맛집 등을 한 번이라도 더 가봤을 테고, 애인이랑 싸움을 한 후 어떻게 하면 화가 풀리는지도 더 잘 알 테고, 이벤트나 선물도 적절한 타이밍에 할 줄 알 테니 말이다.

특히 연애선수 남정네한테 연애초보 여인네가 걸려 들면(?) 이건 게임 끝이다. 당연히 연애는 남정네가 한 수 위, 어쩌면 두세 수 위일 테니 여인네는 정신 못 차리고 깊이 빠져들게 된다.

이에 반해 연애초보는 연애선수에 비해 답답할 수 있다. 데이트 때마다 배려한답시고 "뭐 먹고 싶어?", 기념일엔 "뭐 하고 싶어?", 무슨 때가 되면 "뭐 갖고 싶어?" 아이쿠야~ 배려도 한두 번이지 매번 이러면 여자는 짜증 난다. '흥, 여자 마음도 모르는 멋대가리 없는 녀석!' 하면서 마음이 저 멀리 달아날 수 있다.

분위기, 무드, 이벤트 등에 약한 우리 여인네들은 어쩔 수 없이 본능적으로 연애선수에게 끌릴 수밖에 없다. 그렇다면 여자 마음도 잘 알고 센스만점인 연애선수남을 선택하란 얘길까?

S양은 같은 부서에서 A군을 만났다. S양이 다른 부서에서 왔기 때문에 A군이 업무를 알려 주게 되었고 둘이 남아 일하게 될 때가 많았다. A군은 S양에게 꽤 친절했다. 밤늦게 끝나면 A군은 출출하니까 야식 먹자면서 S양을 자연스럽게 맛집으로 데려갔고, 프레젠테이션을 준비하기 위해 주말에 만나게 되면 답답한데 회사 말고 탁 트인 곳에서 회의하자면서 자연스럽게 교외로 이끌었다.

이런 일이 반복되다 보니 겉으론 업무적인 만남이었지만 분위기는 마치 데이트하는 것 같은 묘한 분위기로 흘러갔다.

S양은 A군이 아직 고백하지 않았을 뿐 분명 이건 사귀기 직전의 단계라고 생각해서 앞으로 벌어질 상황들을 상상하며 혼자 설레곤 했다.

'고백을 하면 바로 좋다고 해야 하나? 생각해 보겠다고 살짝 튕겨야 하나?'

'사내 비밀 연애를 해야 하는 걸까?'

'A군이 적지 않은 나이라 결혼 얘기로 바로 진전되면 어떡하나?'

하지만 A군의 고백 타이밍은 오지 않았고 딱 그만큼의 관계가 한동안 지속되었다. 그럴수록 S양의 마음은 A군에게 자꾸 기울어졌다. S양은 A군이 나이가 있어서 신중한 거라고 스스로 위로하면서 이해하려고 했지만 사실은 마음이 복잡하고 힘이 들었다.

그 사이 알게 된 사실, A군에게 연락 오는 '아는 여동생'이 너무 많다는 것이었다. 대학 때 친한 동생, 학원에서 만난 친한 동생, 전에 다니던 직장의 친한 동생… 그에게 오는 전화는 대부분 이렇게 친한 여동생들이었다. A군은 S양이 옆에 있어도 '친한 여동생'들과 편하게 전화 통화를 했고, 심지어 함께 만나기도 했다. S양은 이번엔 이렇게 스스로 위로했다. 질투 작전이거나 자기를 정말 믿기 때문이라고. 그러나 S양은 그렇게 믿고 싶은 거였지 A군이 자신을 좋아하지 않는다는 걸 이미 직감하고 있었다.

그랬다. A군은 타고난 연애선수였다. 그 특유의 센스와 다정함으로 S양을 비롯한 수많은 여동생들을 친근한 네트워크로 꾸려 놓은 것이다. 나중에 알게 된 사실은 그는 누군가에게 얽매여 연애하고 싶지 않은 사람이었다. 자신에게 호감을 보이는 수많은 여인네들과 돌아가며 적당히 밥 먹고, 차 마시고, 영화 보면서 데이트 비슷한 분위기를 즐길 뿐이었다.

어느 날 A군이 자신을 향한 S양의 마음을 눈치 채고 이렇게 말했다.

"난 S씨 좋아하는 거 아냐, 알지?"

그것도 웃으면서. A군의 말은 이미 상처 난 그녀의 가슴을 할퀴고 헤집는 것과 같았다. 그러나 S양은 자존심 때문에 애써 웃으며 대답했다.

"당연히 알지. 우린 그냥 친한 거잖아."

그날 밤, S양이 날 찾아와서 밤새 펑펑 울었다. A군에게 바보처럼 농락 당한 자기 마음이 너무 안쓰럽다고 했다. 그런데도 이미 A군을 좋아하는 자신에게 화나 나서 더 아프다고 했다. 내가 해줄 수 있는 건 그저 S양의 울음을 받아 주는 것밖에 없었다.

'연애선수' vs. '연애초보'.

주변의 싱글녀들에게 물어보면 당연히 연애선수가 더 좋다고 말한다. 숙맥이랑 사귀면 무슨 재미가 있겠냐는 것이다. 맞다. 그 의견에 나도 어느 정도 동감한다. 그런데 여기서 중요한 것! 연애선수 기질이 있되, '오직 나에게만' 푸욱 빠졌는지 아닌지를 꼭 살펴봐야 한다. 양다리, 세 다리, 문어발로 뻗치는 사람이라면 S양처럼 상처만 남을 뿐이다.

여자들이 달콤한 말로 귀를 즐겁게 해주는 남자한테 끌리는 거 이해해.
하지만, 달콤한 말발은 당장엔 좋지만 사는 덴 도움이 안 돼.
말 이면에 나에 대한 마음이 진짜인지, 가짜인지 구별해야 한다구.

Chapter 18

쫀쫀한 남자 vs. 헤픈 남자

그들에게 이르시되 삼가 모든 탐심을 물리치라 사람의 생명이 그 소유
의 넉넉한 데 있지 아니하니라 하시고 _누가복음 12:15.

　사람들에게는 다양한 탐심이 있지만 그중에서 가장 큰 탐심은 돈 욕심이다.

　　돈 때문에 부정부패가 생기고,
　　돈 때문에 사랑하는 사람을 버리기도 하고,
　　돈 때문에 삶을 포기하기도 하고,

돈 때문에 울고, 돈 때문에 웃고….

많은 사람들이 돈의 노예가 되어 살아간다.

물론 결혼생활에서도 돈이 중요하다는 거 인정한다. 그래서 결혼 상대자의 중요한 조건 중 하나가 돈이 좀 있느냐다. 부자, 당연히 좋다. 이왕이면 쪼들리지 않고 풍족하게 살면 편하니까. 그런데 배우자를 선택할 때 돈을 어떻게 쓰느냐도 매우 중요한 기준이 된다.

친구인 H, 그녀를 보면 우선 '우와~' 하는 감탄을 3단 콤비네이션으로 하게 된다. 일단 얼굴이 예뻐서 우와~, 우리나라 최고 학벌에 또 우와~, 직업이 좋아서 우와~ 이렇게 3단 콤비네이션 우와다.

H는 30대 초반에 한 남자를 만났다. 사진을 보니 잘생겼다. 직업은 의사란다. 그 역시 합이 2단, 잘생긴 의사라 우와~ 좋겠네, 축하해 줬다.(내 반응이 너무 속물적인가? 어쨌든 그땐 그랬다.)

둘은 곧 결혼까지 할 것처럼 서두르더니 얼마 후 갑자기 헤어졌다. 이유는 돈 때문이었다. 더 구체적으로 밝히면 그 남자가 엄청 쫀쫀했던 것이다. 그들이 헤어진 결정적 사건이 있었다.

그날은 H의 대학 친구 모임 날이었다. H는 대학 졸업 후부터 쭉 친구 여섯 명과 정기적인 모임을 가졌다. 그날은 H가 잘생긴 의사와 연애를 시작하고 나서 첫 모임인 터라 그녀의 보이프렌드에 친구들의 관심이 집중됐다. 친구들의 성화에 못 이겨 H는 그를 친구 모임에 불렀고 함께 저녁식사를 했다.

그날 다 같이 저녁을 먹은 후 계산대로 향했다. 이쯤 되면 다들 상상하시리라. 친구들 모임에 불려 나온 남자가 대개 멋지게 저녁 식사 값을 계산하지 않는가. 그런데 이 남자, 계산대에서 자기와 여자친구인 H의 식사 값만 계산하더니 나머지 다섯 명분은 H에게 계산하라고 한 것이다. 이 장면에선 베토벤의 〈운명〉이 BGM으로 깔려 줘야 맛이 난다. H는 입이 떡하니 벌어졌다. 그 남자, 여기서 한 발 더 나아가 자기가 그래야 하는 이유까지 늘어놨다.

애초부터 자기가 식사 대접을 하기로 한 모임이 아니었다, 그런데 갑자기 불려 나왔다, 그러니 자기는 H의 친구들한테까지 밥을 살 의무가 없다, 이것이 그가 설명한 골자였다. 여자 친구인 H의 밥값은 데이트 비용이라 생각해서 계산할 수 있지만 나머지 다섯 명의 친구들은 자기와 하등의 관계가 없으니 자기가 돈 쓸 이유가 없다는 것이다.

H는 차라리 "오늘은 네 친구들 모임이니 네가 계산해라" 했으면 이해했을 거란다. 그런데 함께한 식사비용을 '너는 내 여자 친구니까' 계산하고 다른 사람은 '네 친구니까' 안 되고 하는 계산법에 어이가 없었던 것이다.

H는 그전부터 그가 니꺼 내꺼 나누며 돈에 대해 쫀쫀하게 구는 것이 마음에 걸렸다. 하지만 애써 무시하고 있었는데 그날 결정적인 안타를 날린 것이다.

자, 쫀쫀함의 극치를 보셨다. 너무 쪼잔해서 정이 뚝뚝 떨어지는가? 그렇다면 반대로 돈을 물 쓰듯 쓰는 남자는 어떨까?

이번엔 사회생활하면서 만난 어떤 언니와 그의 남편에 대한 이야기다. 그 둘은 이미 결혼을 했고 아이도 낳아 잘 살고 있다. 그들 부부의 경제권은 각자에게 있다. 더 엄밀히 말하면 남편의 월급은 남편 용돈으로, 언니의 월급은 생활비와 언니 용돈으로 사용한다. 참고로 언니가 남편보다 월급이 두 배 정도 많다.

언니는 남편의 월급을 단 한 푼도 건드리지 않고 남편이 알아서 쓰도록 했다. 언니의 월급으로 생활비와 적금 등을 해결한 것이다. 그렇게 몇 년을 살다 보니 그들 부부는 이런 모습으로 바뀌었다.

남편은 옷과 가방, 신발이 누이비똥, 구짜, 발라 등의 명품이요, 자가용은 고가의 외제차요, 주말이면 골프 약속으로 집에 붙어 있지 않았다. 반면에 언니는 인터넷 쇼핑에서 산 옷과 가방, 신발이요, 자가용은 소형차요, 주말이면 딸과 놀아 주기 바빴다. 아, 한 가지 빠졌다. 양가 부모님들께 드리는 용돈과 선물도 모두 언니의 주머니에서 나갔다.

물론 언니는 그런 생활에 대해 후배들 앞에서 불평한 적이 없다. 다만 지켜보는 우리들만 안타까워했을 뿐이다. 우리가 안타까워한 이유는 단순히 언니 돈으로 생활하는 것 때문이 아니다. 부부가 함께 사니만큼 주머닛돈이 쌈짓돈이려니 이해할 수 있다. 하지만 언니는 늘 일과 생활에 찌들어 있었다. 워낙 일이 바쁘다 보니 늘 밤늦게까지 일해야 했고 딸도 혼자서 다 챙겼다. 그런데도 주말도 없이 놀러 다니는 남편 덕분에 언니는 주말도 없이 일과 가정을 챙겨야 했다. 언니는 늘 피곤에 절어 누렇게 뜬 얼굴 위로 빗금 열댓 개는 그어진 듯한 몰골로 다녔다.

부부란 게 뭔가. 월급이 많든 적든 열심히 일해서 번 돈으로 힘을 모아 알뜰살뜰하게 가정을 세워 나가는 게 부부 아닌가? 그런데 누구는 펑펑 쓰고, 누구는 혼자서 가정 꾸리느라 동분서주하고 있으니 균형이 안 맞아도 한참 안 맞는다.

어린 시절, 친구들끼리 아빠 엄마 아들딸을 정하고 논 소꿉놀이를 기억하는가? 남자 애가 "여보, 나 왔어" 하면 "어머, 당신 왔어요" 하고 엄마 흉내를 내면서 장난감 그릇으로 요리를 하고 함께 밥을 먹던 기억 말이다.

나는 그것이 결혼의 본질이라고 생각한다. 가족이 함께한다는 것 말이다. 남편의 허영심을 위해 아내와 아이들이 희생당한다면 그게 무슨 가족인가? 더도 말고 덜도 말고 경제관념에서 중심을 지키는 남정네, 그를 열심히 찾아보자.

돈을 많이 버는 것보다 더 중요한 건 돈을 잘 관리하는 법이야.
헤프면 밑 빠진 독에 물 붓기고 구두쇠면 삶을 피폐하게 만들어.
당장 가진 돈보다 경제관이 건강한 사람을 볼 줄 알아야 해.

Chapter 19

날 안달 나게 하는 남자

vs.

나에게 안달 난 남자

안달: [명사] 속을 태우며 조급하게 구는 일

나는 인형 뽑기를 할 때 특히 안달이 나곤 한다. 잡힐 듯 잡힐 듯 안 잡혀서 속이 터지게 만들던 인형 뽑기. 애먼 돈만 쓰다가 결국 주머니를 다 비우고 나서야 '흥, 예쁘지도 않은데 뭐' 하며 애초에 가질 생각이 없었던 것처럼 스스로를 위로한다.

그런데 연애하다 보면 꼭 인형 뽑기 할 때처럼 안달 날 때가 있다. 주변에도 '안달이 나서' 속 끓이는 싱글녀들이 꽤 있다. '여자를 안달 나게 만드는 남자'의 정체는 뭘까? 지금부터 그 남자의 속으로 CSI처럼 전격

출발해 보겠다.

후배는 어느 모임에서 앞으로 그녀를 안달 나게 만들 어떤 녀석을 만났다. 서로 다른 곳에서 일했지만 후배와 그 녀석이 모임의 주체가 되어 어떤 행사를 진행하게 되었다. 당연히 단둘(언제나 '단둘'이라는 게 문제다)이 만나는 일이 잦아졌고, 더구나 퇴근 후 저녁에 만나게 되었다.

후배와 그 녀석은 만나서 저녁을 간단히 먹고 분위기 좋은 카페로 옮겨 행사 계획을 짜곤 했다. 한참 그렇게 일을 진행시키는데 그 녀석 뜬금없이 후배에게 이런 뻐꾸기를 날린다. 눈을 반짝이면서.

"너(둘은 동갑이었다) 참 귀엽다."

후배, 순간 당황했지만 농담으로 받아친다.

"음, 그런 소리 좀 들어. 호호….''

후배는 한순간 마음이 흔들렸지만 아닌 척 행사 일정 잡는 일에 집중했다.

그런데 그 녀석, 잠시 후 뻐꾸기 2탄을 날린다.

"너, 예전에 내 여자친구 닮았어. 내 인생에서 그렇게 좋아한 여자는 없었거든."

캬아~ 내 후배 여기서 다시 한 번 휘청한다. 남녀상열지사에서 주의할 게 바로 '옛 애인 닮았다'는 얘기. 그 녀석 참 맹랑하고 저돌적이지 않은가? 후배, 또 쿨한 척 농담으로 받는다.

"그 여자 되게 미인이었나 보네. 호호….''

이렇게 농담하는 후배를 귀엽다는 듯 쳐다보는 그 녀석의 눈빛이 이글거린다. 잘 하면 후배도 뚫어 버릴 기세다. 후배는 그 녀석의 눈빛을 모른 척하고 싶은데 얼굴이 말을 안 듣고 발갛게 달아올라 버린다. 그리고 뻐꾸기 3탄이 날아든다.

"이런 감정 오랜만에 느껴 봐."

땡땡땡! 후배는 그냥 넉다운되어 버렸다. 후배 역시 솔로였던지라 그런 감정을 오랜만에 느꼈다. 마음이 갑자기 붕~ 떠 버린 후배는 밤새 뒤척거리다 거의 뜬눈으로 날을 새 버렸다. 다음 날 시뻘게진 눈으로 출근하면서도 왠지 행복했다. 누군가 자신에게 호감을 보인다는 사실만으로도 즐거웠다.

후배와 그 녀석은 일주일에 한두 번 만나서 행사 계획을 짰다. 그때마다 그 녀석, 후배가 '사랑스러워 어쩔 줄 모르겠다'는 듯이 행동하고 말을 건넸다.

그런데 문제는 바로 헤어지고 나서다. 그 녀석, 후배랑 헤어지고 나면 언제 그랬냐는 듯이 돌변한다는 것이다. 함께 있을 때 그리도 좋아하는 티를 꽉꽉 냈으면 헤어진 후 밤에(퇴근 후 만났으니 늘 밤늦게 헤어져야만 했다) 잘 들어갔는지 전화라도, 아니 전화가 힘들다면 문자라도 하나 날리는 게 상식이건만 빠이빠이 하면 그걸로 뚝 감감무소식이었다. 매번 그랬다. 후배는 그의 행동을 도통 종잡을 수 없어 헷갈리기 시작했다.

'날 정말 좋아하는 거 같은데 헤어지면 다음에 만날 때까지 전화 한 통 안 한다… 아니, 대체 이건 뭔가?'

'날 좋아하는 거야, 아닌 거야? 손가락이라도 부러졌냐? 전화 한 번 안 하게!'

'그래, 워낙 바쁜 사람이잖아. 바빠서 전화 못하는 거지.'

그렇게 혼자서 오만 가지 생각을 다 하다 보면, 전화 한 통 없는 그 녀석 생각에 안달이 나 일이 손에 잡히지 않았다. 그러다 며칠 만에 다시 만나면 그 녀석, 언제 그랬냐는 듯 후배를 또 사랑스럽게 대한다. 똑같은 상황이 반복되면서 후배의 안달은 하늘 높은 줄 모르고 솟아올랐다.

이런 후배한테 미안하지만… 어쩔 수 없다. 현실을 직시하도록 냉정하게 말할 수밖에.

"그는 너에게 반하지 않았다."

그 녀석은 후배랑 함께 있을 때만 '딱 좋은' 그게 다인 것이다. 물론 싫은 건 아니다. 어느 정도 호감이 있는 건 분명하다. 그러나 굳이 '내 여자'로 만들고 싶은 마음은 없다. 그냥 만나서 즐거운 정도의 호감일 뿐이다.

후배는 그 녀석이 바빠서 연락 못하는 거라고 굳게 믿고 있지만 아니다. 남자는 아무리 바빠도 정말 반한 여자한테는 무슨 수를 내서라도 연락한다. 전화가 아니라 그녀의 집 앞에 달려가 창 밖에서라도 얼굴 한 번 봐야 직성이 풀리는 게 남자의 심리다. 밤잠을 줄이는 한이 있더라도 좋아하는 여자에게 모든 걸 투자하는 게 남자들이다.

아무리 바빠도 전화할 3분은 있다. 진짜, 진짜 단 1분도 쉴 수 없이 바쁘다면 화장실에 앉아 있는 시간이라도 활용하는 게 남자다. 생리 현상은 어떻게 참으려야 참을 수 없으니까. 하루 24시간 중 전화할 시간 3분조차 내지 않는 남자라면 그냥 깨끗이 치워 버려야 한다.

눈이 마주치고, 입이 마주치고, 손이 마주치고… 보고 또 봐도 좋은 게 사랑이다. 상대방의 등만 바라보는 사랑은 힘들다. 짝사랑은 열여섯 소녀 시절에 국어 선생님을 좋아하고, 청년부 오빠를 좋아했던 것에서 끝내야 한다. 평생 좋아하는 감정을 품은 채 혼자 살 생각이라면 모를까, '남편'으로 곁에 두고 사랑하고 싶다면 그대 혼자 안달복달하는 사랑은 이제 그만했으면 좋겠다.

그대를 너무 좋아해서 그대가 좋아하는 것, 평소에 생각하는 것 등 그대의 일거수일투족을 알기 원하고, 그의 뇌구조 90% 이상이 '그대' 생각으로 꽉 찬 사람을 선택하기 바란다. 그대는 사랑받기 위해 태어났으니 남정네한테도 충분히 사랑받았으면 좋겠다.

그대에게 안달 난 남자를 만났을 때, 그대는 그와의 연애에서 우위를 점령할 수 있다. 점령이라고 해서 그대가 그에게 함부로 대해도 좋다는 뜻이 아니다. 그대의 기분이 어떤지, 그대가 어떤 걸 하고 싶은지, 남자 쪽에서 더 세심하게 신경 쓰게 될 거라는 얘기다.

내 후배처럼 하루 종일 전화기를 뚫어져라 쳐다보며 신경전을 벌이지 않아도 된다. 그는 적당한 타이밍에 알아서 척척 전화를 걸 테니까. 내 후배처럼 그가 정말 좋아할까 아닐까 하며 골머리를 썩이지 않아도 된다. 그는 '난 당신이 좋아요'를 정확하게 표현해 줄 테니까.

어른들은 "여자는 자기가 좋아하는 남자보다 자기를 좋아해 주는 남자랑 결혼해야 행복하다"는 말씀을 하신다. 나는 젊은 시절 이런 얘기를 들으면 '어떻게 내가 좋아하지도 않는 사람이랑 평생 산다는 거야?' 하고 생각했는데 나이가 들고, 주변의 남자들을 보고, 결혼을 해보니 그 말뜻이 이해가 된다. 어른들의 연륜은 무시할 수가 없다.

물론 그대가 단 0%도 마음이 가지 않고, 보기만 해도 소름이 돋는 상대라도 그가 그대를 좋아하면 무턱대고 만나란 얘기가 아니다. 당연히 그대 역시 그가 그리 싫지 않아야 한다. 그대 주변에 그대가 안달 나는 남자와 그대에게 안달 난 남자가 있다면, 그리고 결혼을 염두에 두고 만나고 싶다면, 그대에게 안달 난 남자를 선택하기를 권한다.

그의 사랑을 듬뿍 받으며 연애하는 게 그의 눈빛 하나에도 가슴앓이를 해야 하는 사랑보다 즐겁지 않겠는가. 가슴 아프고 애절한 사랑은 드라마로 즐기고 현실에서는 그대가 행복한 사랑을 했으면 좋겠다.

남자들은 좋게 말하면 감정에 솔직하고, 나쁘게 말하면 냉정한 거 같아. 자신이 좋아하는 여자한테는 한없이 너그럽지만, 싫은 여자한테는 1%의 배려도 하지 않거든. 그러니 꼭 당신한테 반한 남자를 만나길 바라.

그대를 너무 좋아해서
그대가 좋아하는 것,
평소에 생각하는 것 등
그대의 일거수일투족을 알기 원하고,
그의 뇌구조 90% 이상이
'그대' 생각으로 꽉 찬 사람을
선택하기 바란다.

Chapter 20

연상남 vs. 연하남

나이는 숫자에 불과하다. 이 말에 동의한다. 요즘 나이와 상관없이 앳된 외모의 동안들도 많고, 중년이 넘어서 새로운 일에 도전하는 사람들이 많은 걸 보면 인생은 나이에 상관없이 아름다울 수 있다는 걸 느낀다.
 그럼에도 불구하고 나이 얘기만 나오면 목에 탁 걸리는 사람들이 있다. 바로 삼십대 중후반이 된 싱글녀들이다. 내 주변에 싱글녀들, 거짓말 하나 안 하고 수두룩하다. 그녀들의 공통점은 하나같이 회사에서 인정받는 능력자들이며 한 인물하고 대여섯 살은 어려 보이는 동안이라는 것이다. 때문에 사전 지식이 없으면 그녀들을 보고 老처녀라고 생각하는 사람은 거의 없다. 오히려 그녀들의 나이를 듣고 깜짝 놀란다. 때문에 그녀들, 서너 살 어린 연하남을 만나도 아무 문제없다.

　하지만 소개팅은 다르다. 외모를 볼 수 없으니 그녀들이 동안인지 아닌지 구분이 안 되기 때문에 40대 이상의 싱글남들이 그녀들의 소개팅 대상이 된다. 이미 불혹이 넘은 싱글남들한테서는 남정네의 매력보다 옆집 아저씨 같은 푸근함이 느껴지니 소개팅 자리에서 그녀들은 난색을 표할 밖에. 결국 서로의 신상만 주거니 받거니 하다가 헤어지게 된다.

　그들은 좀 더 나이 어린 여자를 원하고, 그녀들도 좀 더 어린 남자를 원한다. 결론은 나이 많은 싱글 남녀들 모두 '어린 상대'를 바란다는 것이다.

　물론 연상연하 커플도 이제는 꽤 많지만 소개팅 자리에서 만난 경우는 없다. 대개 아는 사이에서 연인으로 발전한 경우다.

　나 역시 남편이 나보다 한 살 어린 연상연하 커플이다. 요즘은 한 살 연하는 연하 축에도 못 낀다고 하지만 어쨌든 우리 역시 일로 먼저 알게 되었고, 나중에 사귀기 시작해서야 서로의 나이를 알았다. 우리야 한 살 차이니까 큰 문제는 아니지만 나이 차이가 많을수록 선 만남, 후 나이 공개가 돼야 그야말로 '나이는 숫자에 불과하다'가 통하더라 이 말씀.

　언젠가부터 트렌드처럼 되어 버린 연상연하 커플. 어떤 전문가들은 이것이 가장 이상적이라고도 주장한다. 여자가 더 오래 산다고 했을 때 연하남과 살아야 서로 비슷한 시기까지 함께 산다는 점, 그리고 젊을 땐 더 능력 있는 연상녀가 이끌어 주고 나이가 들면 정년이 늦은 연하남이 이끌어 주는 게 딱 맞다는 것이다.

　충분히 공감한다. 더구나 이왕이면 한 살이라도 어린 남자와 결혼해야 자녀의 출산, 양육을 비롯해서 정년퇴임 문제, 노후 문제 등이 더 유리할 테니까. 그럼 이제부터 우리 싱글 누님들은 싱글 동생들을 눈 빠지게 찾아 나서야 하는 걸까?

예전에 〈신동엽의 300〉이란 프로그램에서 '연상연하 커플' 100쌍을 스튜디오에 초대해서 그들에게 직접 설문한 적이 있다. 이들 중에는 이미 부부가 된 커플도 꽤 있었다. 먼저 연하남 100명에게 물었다.

Q 내 애인, 아내가 '확실히' 누나구나 느낄 때는?
1 웬만한 일은 너그럽게 이해해 줄 때
2 얼굴 볼 때

연하남들의 선택은 바로 1번이었다. 휴우, 왠지 안도의 한숨을 쉬게 되지 않는가. 다행이다. 100쌍의 연상연하 커플은 외모로만 보면 나이 차이가 있어 보이지 않았다. 일단 사랑에 빠지면 외모도 예뻐 보이기 때문에 누님으로 보이지 않는 법이다.

일단 이 결과는 우리 싱글 누님들에게 유리하다. 외모로는 연하남에게 충분히 승부수를 던질 수 있으니까. 이번엔 연상녀 100명에게 물었다.

Q 연하남에게 더 없는 것은?
1 돈
2 철

자, 결과는 2번 철이 더 없다고 대답했다. 2번을 대답한 연상녀들은 돈은 살아갈 만큼만 있으면 되고, 있다가도 없고 없다가도 있는 거라고 생각해서 괜찮지만 솔직히 철이 없는 건 살아 보니 좀 피곤하다고 했다. 한마디로 아내이자, 엄마이자, 누나 노릇까지 해야 해서 피곤하다는 얘기다. 이 결과를 보면 철든 남편을 원한다면 연하남과는 글쎄… 다시 한 번 고민해 볼 일이다. 이어서 세 번째 질문은 연상녀, 연하남 모두에게 물었다.

Q 만약 다시 연애나 결혼을 하게 된다면?
 1 연상연하 커플 또 하고 싶다.
 2 연상연하… 이제는 안 하련다.

이 질문은 대답을 하는 그들조차 몹시 궁금해 했다.

결과는 2번이었다. 서로 사랑해서 연애를 하고 결혼을 한 사이지만 다시는 안 하겠단다. 시사하는 바가 크지 않은가?

물론 100쌍의 연상연하 커플이 대한민국의 모든 연상연하 커플을 대변할 순 없겠지만 그래도 의견을 참작하기엔 충분한 숫자가 아닌가 싶다.

한 살 연상연하 커플인 내 얘기를 잠깐 해보자면, 10년 전 둘이 처음 만났을 때 남편은 거의 사회 초년병이었고 난 이미 사회생활 7년 차였다. 그렇다 보니 내가 주로 직장생활에 대해 남편에게 조언해 주었다. 남편 친구들의 애인들이 20대 초반의 앳된 대학생이거나 사회 초년병인데 반해, 나는 삼십대에 접어든 능력 있는 누님이었다. 이것은 대부분 연상연하 커플들의 그림이다.

〈신동엽의 300〉에 초대된 남자 게스트는 자기 친구가 스무 살 때 '차 있는 누나'라는 이유만으로 연상녀랑 만났다는 우스갯소리도 했다. 이 모든 것을 정리해 볼 때, 당신이 만일 연상연하 커플을 원한다면 지금부터 4~5년 동안은 당신이 연하남을 키우며 만나야 할지도 모른다. 물론 시간이 지나면 연하남이 당신을 따라잡을 것이다.

그런데 만일 그대가 먼 훗날이 아닌 지금 경제력 있고 안정된 위치에 있는 사람을 원한다면 연하남을 향한 사심을 거두고 재빨리 연상남에게 관심을 갖기를. 연하남이 사회적, 경제적 기반을 잡을 때까지는 기다려야 하기 때문이다. 만일 그대가 남편을 챙겨 주기보다 남편한테서 보살핌을 받고 싶다면 큐피드의 화살 방향을 연하남보다는 연상남에게 돌려야 할 것이다.

연하남, 연상남. 이 문제는 단순히 나이로만 얘기할 수 있는 게 아니다. 자신의 성격, 경제적인 가치관 등이 고려되어야 하기 때문이다.

연상남, 연하남은 장단점이 있는 거지 어느 게 정답이라는 건 없어.
이렇다, 저렇다 따지기 전에 그대의 성향을 먼저 파악해 봐.
엄마 같은 여잔지, 동생 같은 여잔지 말야.

Chapter 21

날 사랑하는 남자

vs.

스킨십을 사랑하는 남자

머리를 쓰다듬어 줄 때.
어깨를 어루만져 줄 때.
등을 쓸어내려 줄 때.
꼭 끌어안아 줄 때.

 인정받고, 사랑받고, 위로받는 느낌이다. 이것이 말 한마디 하지 않고도 상대방의 마음을 고스란히 전달받을 수 있는 스킨십의 효과다.
 실제로 심리학자들에 의하면 인간은 접촉을 아주 좋아한다고 한다. 인간의 중대한 욕구 중 하나인 '친화 욕구'를 채워 주기 때문이다. 그래서 신체 접촉을 많이 하면 할수록 깊은 친근함을 느끼게 되는 현상을 '접촉에 의한 친근(親近) 효과'라고 한다.

특히 스킨십이 빠진 사랑은? 말도 안 된다.

피부는 우리 신체에서 가장 민감하게 자극을 받아들이는 통로이기 때문에 사랑하는 사람끼리 스킨십을 많이 하면 자율신경계를 안정시키고 스트레스 유발 호르몬의 분비를 억제시키는 효과가 있다고 한다.

뭐, 이건 전문가들의 얘기고 이렇게 어렵게 설명하지 않아도 연인끼리 스킨십이 얼마나 중요한지는 다들 알 것이다.

서로 호감을 느끼는 간질간질한 감정을 지나 고백을 하고, 조금씩 서로에 대해 알아 갈 즈음 가볍게 손을 잡게 된다. 희한한 건 서로 닿을락 말락 하는 거리를 유지할 땐 마음도 닿을락 말락 했는데 손을 잡기 시작한 순간부터 갑자기 친밀도가 급상승하며 사랑 그래프가 확 치솟게 된다는 점이다.

사귀긴 사귀는 사이인데 관계가 지지부진할 때 진도 나가기 위해.

오래된 부부나 연인이 권태기를 극복하기 위해.

이럴 때 스킨십이 필요하다. 스킨십은 사랑을 전달하는 중요한 통로요, 사랑을 자라게 하는 약효이기 때문이다. 그래서 스킨십은 아름답다.

문제는 이걸 역이용하는 일부 못된 남자들이 있다는 점이다.

예전에 SBS-TV〈야심만만〉이라는 프로그램에서 남자 5,000명에게 물었다.

Q 남자들이 여자에게 '사랑해'라고 거짓말하는 이유는?

3위의 결과가 놀라웠는데 '스킨십하기 위해서'였다. 다시 말해서, 진심으로 사랑하지 않지만 단지 스킨십하기 위해 '사랑해'라는 말을 한다는 것이다.

'사랑해'라는 말이 귓가에 울려 퍼질 때 얼마나 달콤한가. 그리고 이어지는 스킨십은 그의 진심이 어떻든 달달하다. 그러나 사랑이 전제되지 않은 관계에서 이뤄지는 스킨십은 공허할 뿐이다.

하나님은 우리에게 순결하고 정결하라고 말씀하셨다. 그러나 그걸 지키려니 세상의 유혹이 만만치 않다. 혼전 동거와 혼전 임신을 너그럽게 봐주는 요즘 세태에서 스킨십의 범위를 어디까지 허용해야 하는가는 어찌 보면 구태의연한 주제처럼 느껴진다. 하지만 아무리 사회 분위기가 자유로워졌다 해도 사회가 개인의 인생을 책임져 주지 않는다. 스킨십의 유혹에 넘어가 상처로 남겨졌을 때 사회는 절대 따뜻한 손길을 내밀지 않는다. 따라서 사회 분위기에 편승할 것이 아니라 스스로 똘똘하게 처신해야 한다.

"그 남자 스킨십한 후 연락이 없어요."

"그 사람은 스킨십할 때만 절 좋아하는 거 같아요."

여인네들이 즐겨 찾는 사이트에 간간히 올라와 있는 고민거리들이다. 스킨십을 하고 나서 친밀해지는 감정 때문에 그가 나를 정말 좋아할 거라고 믿게 되면서 벌어지는 오류들이다. 연인이 '스킨십의, 스킨십에 의한,

스킨십을 위한' 관계가 되어 버리는 것, 이게 바로 스킨십의 부작용이다.

사랑은 감정의 교류가 기본이요, 희로애락을 함께 겪으면서 성숙해지는 것이다. 스킨십이 주는 달콤함을 온전한 사랑이라고 착각해서는 안 된다.

사랑한다면서 스킨십, 왜 거부해?

스킨십으로 갈등하는 연인에 대한 짧은 단막극이 있다. 남자 주인공은 진한 스킨십을 요구하고 여자 주인공은 이를 거부한다. 이 둘의 대화는 대체로 이렇게 흘러간다.

> 남자: 날 사랑한다면서 스킨십을 왜 안 해?
> 여자: 아직 마음의 준비가 안 돼서.
> 남자: 넌 날 사랑하지 않는 거야.
> 여자: 아니야, 사랑해.

여기서 여자는 갈등하게 된다. 자꾸 이 문제로 갈등하다가 이 남자를 놓칠까 봐 걱정이 된다. 그래서 차라리 그가 원하는 대로 해줄지, 아니면 끝까지 지킬지 엄청 고민한다.

나는 이런 궤변을 늘어놓는 남자들에게 묻고 싶다. 왜 사랑의 확인을 깊은 스킨십으로 해야 하는가? 그렇다면 반대로 사랑한다면서 왜 여자가 원치 않는 걸 요구하는가? 사랑은 강제가 아니지 않은가? 여자가 남자의 요구를 들어 줘야 한다고 우기면서 정작 자신은 왜 여자의 요구를 들어 주지 않는가?

스킨십 때문에 떠나가는 남자라면 미련 없이 헤어져야 한다. 한순간의 희락 때문에 평생 사랑하고 싶은 여자를 버린다? 말도 안 된다. 그의 사랑은 거짓말이다. 이런 걸 주장하는 남자라면 입 떡 벌어지게 좋은 조건의 남자라도 슬퍼할 필요가 전혀 없다. 그 때문에 눈물 한 방울 흘리는 것조차 아깝다. 오히려 더 깊은 관계가 되기 전에 그의 몹쓸 실체를 알게 돼서 감사하고 기뻐해야 한다. 그는 스킨십을 사랑한 거지 그대를 사랑한 게 아니다. 애초에 사귈 필요도 없는 사람이니 그냥 투명 인간 취급하면 된다.

절대 착각하거나 헷갈려서는 안 될 사실이 있다.

'아름다운 스킨십은 손끝이 아니라 마음으로부터 시작된다.'

스킨십은 상호작용이요, 쌍방의 합의에 의한 것이므로 상대를 배려하는 마음이 우선이다. 하루빨리 결혼하고픈 자매님들, 손도 잡고 포옹도 하면서 어서 빨리 친해지고 싶은 마음 이해한다. 하지만 남자의 진심을 분별할 줄 아는 지혜가 필요하다. 스킨십을 사랑하는 늑대인지, 그대를 사랑하는 양인지부터 판단하는 게 먼저라는 거 잊지 마시길.

스킨십의 달콤한 유혹,
그리고 씁쓸한…

요즘 커플들은 혼전 임신을 혼수품으로 준비한다는 우스갯소리가 있다. 개방된 성 문화로 인해 혼전 임신을 부끄럽게 여기지 않는 것이다.

예전에 모 프로그램 때문에 어린 부부를 인터뷰한 적이 있다. 둘은 고등학교 때 만나 사랑을 키웠고 아이가 생기면서 결혼하게 되었다. 어린 나이에 부모가 되어서인지 또래들보다 철이 일찍 들어서 말 한마디에도 깊이가 느껴졌다. 어린 나이에 임신을 했으니 낙태나 입양을 고려했을 법한데도 끝까지 책임지려는 두 사람이 너무 기특했다. 양가 부모님도 매우 협조적이어서 두 사람은 누구보다 건강하게 살고 있었다.

이렇게 예쁜 커플, 물론 있다. 하지만 모두 다 이럴 거라고 생각하면 오산이다. 오히려 혼전 임신으로 상처 받는 여성이 더 많다. 안타까운 건 낙태를 하든 미혼모가 되든 여자가 이 모든 책임을 져야 한다는 사실이다. 그럼 아이를 책임지고 결혼하면 되는 거 아닌가? 나는 이렇게 생각하는 것도 말리고 싶다.

주변의 한 커플은 사귄 지 석 달 만에 혼전 임신을 했다. 아이를 책임지겠다며 둘은 서둘러 결혼했다. 하지만 두 사람은 애초에 결혼할 생각이 없었다. 결혼할 생각도 없는데다 서로를 잘 알지 못한 채 결혼해서 두 사람은 사사건건 다퉜다.

특히 남자가 남편으로서, 아빠로서 준비가 안 된 상태였다. 그것은 그가 자란 가정환경에서 비롯되었는데 남자의 부모님은 하루가 멀다 하고 부부 싸움을 했던 것이다. 남자는 아내와 의견 충돌이 있을 때 어떻게 해결해야 하는지, 어떻게 처신해야 하는지 알지 못했다. 아버지의 미성숙한 모습만 답습해서 밥상을 뒤엎는다든지, 물건을 던진다든지, 밖으로 뛰쳐나간다든지 했다. 그들 부부 사이엔 대화는 없고 싸움만 있을 뿐이었다.

그 자매가 고백했다. 아이 때문에 성급하게 결혼하지 말았어야 했다고. 아이가 생길 수 있다는 사실을 잊고 스킨십을 대수롭지 않게 생각했던 것을 후회한다고.

스킨십, 달콤하다. 연인 사이를 쫀득쫀득하게 해주는 데 스킨십만 한 것도 없다. 하지만 달콤한 유혹에 빠지기 전에 신중했으면 좋겠다. 씁쓸한 결과를 남기지 않으려면.

혹시 '지금 나이가 몇인데 스킨십 따위로 까다롭게 굴어?'라고 생각해?
아니야. 상처는 나이가 많다고 안 아프지 않아. 아픈 건 똑같아.
아름다운 스킨십은 손끝이 아니라 마음으로부터 시작된다는 사실, 꼭 기억해!

Chapter 22

크리스쳔 VS. 난크리스쳔

만약 이런 상황이라면 어떤 선택을 하겠는가?

Q 진짜 괜찮은 사람인데 난크리스천이라면 당신은?
 1 일단 만난다.
 2 종교 갈등은 생각만 해도 피곤해. 절대 안 만난다.

삼십대 중반의 신실한 후배에게 소개팅을 시켜 주겠다고 했더니 단서를 붙인다.
"언니, 꼭 교회 다니는 사람이어야 돼요."

"오케이. 남편 친구 중에 진짜 괜찮은 사람이 있어. 외모나 성격, 직업 다 좋고 그 사람의 여자친구 조건은 무조건 교회 다니는 여자여야 된대. 호호호… 둘이 잘 맞겠다."

신난 나, 남편에게 얼른 소개팅을 주선하라고 했다. 그런데….

"걔 얼마 전에 애인이랑 헤어지고 지금 힘들대. 당분간 연애 안 할 거라더라."

아뿔싸, 안타깝게도 타이밍이 절묘하게 빗나가 버렸다. 선남선녀인 두 사람, 원하는 조건도 크리스천이라 딱 좋았는데 말이다. 남편 친구가 리스트에서 사라져 버리니까 후배에게 소개시켜 줄 남정네가 딱히 떠오르지 않았다. 왜냐하면 사람이 아무리 괜찮아도 후배는 무조건 '크리스천'이어야만 만날 거라고 외쳤기 때문이다. 그래도 혹시나 하고 물었다.

"진~짜 괜찮은 사람이 있는데 교회 안 다녀. 그럼 안 될까?"

역시나 돌아오는 대답은 No였다. 후배는 지금까지 몇 명의 남자와 교제해 봤지만 일단 크리스천이 아니면 마음의 문이 안 열린다고 했다.

그녀와 같은 고민, 그대도 하지 않는가? 수많은 크리스천 자매들이 고개를 끄덕이는 모습이 눈에 선하다. 이왕이면 같은 교회 청년부 형제와 만나면 제일 이상적이건만 현실은 그게 잘 안 된다.

자매 대 형제의 수요 공급이 불균등(대부분 자매 숫자가 많다)한데다 괜찮은 형제는 이미 제 짝이 있다. 그렇다고 애인 있는 형제를 뺏어서야 되겠는가. 그렇다고 세상 속 형제들로 고개를 돌리려니 종교 갈등을 넘어 종교 전쟁이 될 것 같아 두렵다. 한마디로 진퇴양난이다.

많은 분들이 난크리스천과의 교제를 반대한다. 정말 어떻게 해야 할까? 난크리스천은 무조건 No 해야 하는 것일까?

난크리스천이었던 나, 크리스천으로

앞서 잠깐 언급했듯이 나 역시 난크리스천이었다. 당시 우리 집에서 교회를 다닌 사람은 우리 엄마 혼자였다. 엄마는 내게 수시로 "교회 가자"고 말씀하셨지만 나는 그때마다 한 귀로 듣고 한 귀로 흘려버렸다. 그러다가 남편을 만났다. 남편네 집안은 모두 크리스천이었다. 남편은 고등학교 때까지 열심히 교회를 다니다가(여기서 '다니다가' 중요하다), 대학에 들어가면서부터 교회에 발걸음을 끊었다. 한마디로 날라리 크리스천이었다. 어쨌든 당시 남편은 무늬만 크리스천이었는데, 엄마는 이 기회에 나를 전도할 수 있겠다 싶어 교회에 다니는 것을 조건으로 결혼을 허락하셨다. 이후 우리 부부는 엄마와 한 약속을 잘 지키며 진짜 즐겁게 크리스천의 삶을 살고 있다.

나는 난크리스천과 크리스천, 두 가지를 다 경험해 봤다.

'난크리스천'이라고 무조건 속세에 물들어 불순하게 사는 건 아니다. '난크리스천'이어도 성품 바르고, 순수하게 사는 괜찮은 사람도 많다. 때문에 '난크리스천은 불순하다'고 싸잡아 한통속으로 만들어선 안 된다.

오히려 "교회 다니는 사람이 왜 저래? 은혜롭지 못하게"라는 소리를 듣는 '크리스천'보다 "정말 성품이 훌륭해"라고 평가받는 '난크리스천'이 더 낫다고 생각한다. 그런 사람이라면 일단 찬성이다.

주변에서 "진짜 괜찮은 사람이다. 그런데 난크리스천이야" 한다면, 일단 꼭 닫아 둔 마음의 문을 열고 만나 보기를 권한다. 그와 소개팅하는 것이지 허니문을 떠나는 건 아니니까. 대신 그와 만나는 동안 크리스천이 될 조짐이 전혀 보이지 않는다면 그때는 다시 점검해 봐야 한다. '난크리스천'이 '크리스천'으로 거듭나기까지 힘든 대가를 톡톡히 치러야 하기 때문이다. '난크리스천'과 교제할 땐, 마치 선교사의 마음으로 그를 평생 품고 기도할 각오가 되어 있어야 한다. 그에게 복음을 전한다는 게 호락호락한 일이 아니며 잘못하면 그대 자신이 실족할 수도 있기 때문이다.

그나마 조금 위안이 되는 건 형제가 '난크리스천'에게 빠지면 얼마 지나지 않아 주일 예배에서 그 형제의 얼굴도 볼 수가 없지만, 자매가 '난크리스천'과 교제를 하면 얼마 지나지 않아 주일 예배에 그와 함께 나온다는 사실이다. 우리 자매의 영향력이 그만큼 크다.

내 친구의 남편은 난크리스천이었는데 친구의 결혼 조건이 크리스천 되기여서 그는 '결혼하기 위해' 결혼식 바로 직전에 세례를 받고 결혼식을 올렸다. 재미있는 건, 지금은 친구보다 그 남편이 신앙 생활에 더 열심이란다. 새벽 예배, 수요 예배, 금요 철야… 남편이 더 열성적으로 쫓아다녀서 친구가 피곤(?)하냐다 어쩐다나? 그래도 그렇게 말하는 그녀의 얼굴은 행복해 보였다.

무조건 크리스천만 만나라! 무조건 난크리스천은 안 된다!

이런 법칙들에서 조금 더 유연해졌으면 좋겠다. 좀 더 말랑말랑한 시선으로 바라보되 전제는 당연히 '괜찮은 사람'이다.

안타까운 일이지만 사실 크리스천이라고 모두 '괜찮은 사람'은 아니다. 물론 우리 자신도 여기서 자유롭지 못하다. 완벽한 인간은 없다. 다만 크리스천은 예수님의 사랑으로 거칠고 모난 부분을 다듬어 가는 사람이다. 그럼에도 불구하고 크리스천 중에는 과거의 상처로 인해 주변 사람들을 하루에도 열두 번씩 시험 들게 하는 사람들이 간혹 있다.

단순하게 성품이 온화한 '난크리스천'과 제대로 거듭나지 못한 '크리스천'이 있다고 가정해 보자. 이때 무조건 '크리스천'이라고 선택하고, '난크리스천'이라고 거부한다면 그건 너무 경직된 사고가 아닐까? 단편적으로 앞면만 보지 말고 뒷면과 옆면도 볼 줄 아는 눈을 가졌으면 좋겠다.

정말 마음에 드는 난크리스천을 만났다면 눈을 감고 곰곰이 생각해 봐. 나중에 결혼해서 "여보, 우리 함께 교회 가자"라고 얘기했을 때, 웃으며 따라갈지, 버럭 화를 낼지 말이야. 이미 느끼고 있지 않아?

매력은

1%의 타고남과

이

만든다?

후천적인 노력으로

얼마든지

매력녀가

될 수 있어.

주변의

성공 사례와

통계들로부터

도움을

얻어보자구.

PART 4

매력적인 그녀의 사랑 만들기

Chapter 23

글로 배운 연애 성공기

글로 연애를 배운다?

잡지나 신문에 실린 글이든, 연예 선수의 조언이든, 심리 서적이든, 데이트 코칭을 받는 게 도움이 될까? 우리나라 굴지의 결혼정보업체에서 얼마 전 미혼 남녀에게 이런 질문을 했다.

Q 데이트 코칭, 받을 의향이 있는가?
1 없다.
2 있다.

결과는 무려 85%가 받을 의향이 있다에 손을 들었다. 그 이유는 솔로에서 쉽게 벗어나지 못하고 있으며 매력적인 사람이 되고 싶어서라고 했다. 이 의견에 동의하는가?

"언니, 저 내일 성형외과 상담 받으러 가요."

같이 일하는 동안 '성형'의 'ㅅ'도 얘기하지 않던 후배가 갑자기 성형 이야기를 꺼내서 놀랐다. 이유를 물었더니 며칠 전 친한 언니 부부와 밥을 먹었는데 그 남편이 심각하게 성형을 권유했다는 것이다. 눈이 좀 답답해 보이는데 쌍꺼풀 수술하면 확 달라지겠다면서.

"내년이면 삼십대 중반에 들어서는데… 그 얘길 듣는 순간, '그래, 나도 뭔가 변화가 필요하겠구나' 싶더라구요. 그래서 쌍꺼풀 수술하려고요."

일주일 후 그녀는 수술 날짜를 정했다. 쌍꺼풀 수술 전날 그녀의 성공적인(?) 변화를 기원하며 팀 전원이 화기애애하게 밥을 먹었고, 그 자리에서 어떤 사람이 자기가 알던 여자 후배 이야기를 했다.

"예전에 함께 일하던 여자 후배가 있는데, 당시 마흔 살 노처녀였거든요. 근데 어느 날 자기를 돌아보니까 남아 있는 게 하나도 없더래요. 모아둔 돈도 없고, 애인도 없고… 그렇다고 살면서 남자한테 대시 받은 적도 없고… 남은 인생이 갑갑해지면서 이렇게 살면 안 되겠다 결심했죠."

"어머, 그래서요?"

우리는 눈을 반짝이며 흥미진진하게 그의 얘기에 빠져들었다.

그녀는 그때부터 달라지기로 결심했다고 한다. 일단 다이어트를 시작했고, 메이크업 학원에 등록해서 화장법도 바꾸었다. 그동안 고수하던 헤어스타일도 확 바꾸었고, 기본 매너와 표정법을 가르치는 학원도 등록해서 평소 자신의 무뚝뚝하고 센스 없는 말투와 행동도 고쳐 나갔다. 게다가 호감 가는 사람이 되는 법 등 각종 심리책들을 사들여 공부했다. 거짓말 안 보태고 밑줄 하나하나 그어 가면서.

놀라운 건 그렇게 6개월을 했더니 동시에 세 명의 남자가 그녀에게 대시를 하더라는 것이다. 그중 한 명과 결혼해서 지금 결혼 5년 차로 행복하게 살고 있다고 했다. 그녀는 노력을 통해 매력녀로 새로 태어난 것이다.

그녀는 이야기를 마무리하며 한마디 덧붙였다.

"노력을 하면 얼마든지 인기 있는 여자가 될 수 있다는 걸 직접 확인한 거죠. 근데 중요한 건 외모만 노력하는 게 아니라 행동도 함께 노력해야 한다는 거더라구요."

글로 연애를 배운다!

어떤가? 말도 안 되는 농담 같지만 그녀의 이야기를 들어보면 절대 농담이라고 지나칠 문제가 아닌 것 같다. 자기가 좀 더 달라졌으면 하고 깨닫는 부분이 있다면 'How'를 배우는 건 당연한 일 아닌가. 꼭 국어, 영어, 수학만 배워야 한다는 법 있나? 살다 보면 공부해야 할 일이 얼마나 수두룩한가. 연애도 마찬가지인 것 같다. 글이든 말이든 배워서 자기답게 적용한다면 분명히 지금보다 더 차밍한 여자로 거듭날 수 있을 것이다.

아, 다음날 쌍꺼풀 수술한 후배는 조언처럼 시원한 눈매의 여성으로 거듭났다. 그렇다고 지금 내가 성형을 권유하는 것이 아니다. 때로 좋은 방향이라면 두려워하지 말고 변화에 도전해 보라는 말이다.

예전에 한 스타가 "키스 잘하려면 혀로 학을 접는 것처럼 하라"는
잡지의 기사를 보고 본인도 연습했다고 말해서
스튜디오를 발칵 뒤집어 놓은 적이 있어. 난 그런 그녀가 정말 귀엽더라구.
배워서 남 주는 거 아니잖아?

"노력을 하면
얼마든지 인기 있는 여자가 될 수 있다는 걸
직접 확인한 거죠.
근데 중요한 건
외모만 노력하는 게 아니라
행동도 함께 노력해야
한다는 거더라구요."

Chapter 24

남자들이

어린 여자를

좋아하는 이유

예전에 일한 팀에서 있었던 일이다. 당시 '남녀 심리'에 대한 회의를 하고 있었다.
　"남자들은 무조건 왜 어린 여자면 좋아해? 영계를 좋아한다는 표현두 상스럽구… 기분 나쁜 말이야."
　"맞아, 맞아."
　여자 작가들은 '남자들이 어린 여자한테 꽂힌다(?)'는 사실에 분개하며 남자 PD들을 몰아세웠다. 그때 한 남자 PD가 이렇게 말했다.
　"어린 여자… 뭐, 나이 많은 여자보단 좋지."
　"우우우~."

여자 작가들은 야유를 보냈다. 하지만 그가 이어서 말했다.

"어린 여자를 좋아하는 건 단지 나이가 어리다거나 젊어서 그런 게 아닌 거 같아."

"어린 여자가 어려서지, 뭔 이유가 또 있는데…?"

이미 빈정이 상한 여자들이 비꼬는 투로 묻자 그는 제법 그럴듯한 논리(?)를 폈다.

첫째,
어린 여자들한텐
자신의 '수'를 안 들킨다

'수'라고 해서 무슨 의뭉스러운 꼼수가 있다는 얘기는 아니니 오해하지 마시길. 그가 얘기하는 '수'의 뜻은 이랬다.

호감 가는 여자를 만날 때 남자는 그녀에게 잘 보이고 싶다. 혹시 회사에서 80점짜리여도 그녀 앞에서만큼은 100점으로 보이고 싶은 게 남자의 심리 아닌가. 허풍이나 잘난 척까지는 아니어도 멋있게 보이고 싶은 것인데 어린 여자들은 고개를 끄덕이며 긍정적으로 반응해 주는 데 반해, 나이가 좀 있는 여자들(대략 30대 중후반에서 40대 초반의 싱글녀들)의 반응은 차갑기만 하다. 남자들이 잘 보이고 싶어서 하는 말과 행동을 보는 표정이 마치 '으이그, 나한테 멋져 보이고 싶구나? 니 맘 다 알아' 뭐, 이런 느낌이란다.

그의 말이 무슨 뜻인지 알 것 같았다. 나 역시 20대보단 30대에 확실히 '딱 보면 압니다' 이런 신통방통한 재주가 생겼다. 마치 어린 아들이 자기는 완전 범죄라고 생각하고 엄마에게 거짓말한 것을 엄마는 이미 다 알고 있는 것처럼 말이다.

아무래도 나이가 들면 사회생활의 경륜도 쌓이고 그동안 경험한 연애 이력도 있고 해서 어린 여자들보다 남자들의 속 보이는 행동을 금세 눈치 채게 된다. 때문에 남자들은 자기 속을 빤히 들여다보는 나이 있는 언니들보다 어린 여동생들이 덜 부담스럽다는 것이다.

심리학자들은 말한다. "남자는 존경을, 여자는 사랑을 원한다." 이 얘기와 종합해 볼 때, 어린 여동생들은 나이 있는 언니들에 비해 상대적으로 경험이 적다 보니 남자들의 어떤 행동에 대해 더 많이 감탄하게 되어 남자로 하여금 인정받고 있다고 느끼게 해준다.

어떤가? 앞으로 마음에 드는 남정네가 당신의 레이더망에 걸렸을 때, 이 방법을 활용해 보는 것이. 그가 당신에게 좀 더 멋져 보이고 싶어 하는 속마음을 당신이 다 꿰뚫어볼지라도 모르는 척 감탄하며 칭찬해 준다면 분명 그의 어깨가 으쓱해질 것이다.

생각해 보라. 자기의 속마음을 다 알아채서 "너 뻬리리 때문에 나한테 이러는 거지?" 하고 민망함을 안겨 주는 여자와 "너 참 멋있다"고 감탄해 주는 여자 중에 누가 더 좋은가?

난 하나님이 애초에 그렇게 만드신 거 같다고 해석한다. 아담의 갈비뼈로 하와를 만들었기 때문에 하와는 아담의 가슴에 폭 안겨 사랑받기 원하고, 아담은 자신의 갈비뼈를 준 하와에게 존경 받기를 원한다고.

아담의 속성을 이해하고 그에게 존경과 박수를 보내 주는 게 센스 있는 하와의 모습이 아닐까. 당신의 그런 센스에 기뻐하는 당신만의 아담이 나타나리라.

둘째,
어린 여자들은
'리액션'이 좋다

남자들이 재미있는 얘기를 했을 때 '우와, 재밌다'고 빵~ 터지는 것도, 무서운 얘기를 했을 때 '어맛, 무서버(혀 짧은 소리)~' 하며 격하게 반응하는 것도 어린 여자들이라는 것이다. 여기에는 크게 두 가지 이유가 있는 것 같다.

첫째, 나이 들면 한두 번씩 겪게 되는 일들을 아직 경험하지 않아서.

둘째 어린 사람 특유의 발랄함 때문에.

여고생 때는 바람에 굴러가는 낙엽만 봐도 뒹굴뒹굴 구르며 웃는다고 하지 않는가. (나 역시 여고생 때 이런 비슷한 경험이 있다. 별것도 아닌 일에 눈물을 흘리며 30분 동안 웃었는데, 이 모습을 본 엄마가 낙엽 어쩌고 하는 이야기를 했다.) 낙엽 보고 웃던 시절에서 얼마 안 지났으니 당연히 생기발랄하지 않겠는가.

어쨌든, 어린 그녀들은 모든 일에 탁구공처럼 통통 튀며 반응을 해준단다. 남자들이 밤새 인터넷 유머 사이트를 뒤져서 야심차게 준비한 얘기에 빵빵 터져 줘야 기쁘지, "아, 그 얘기? 다 알아" 이렇게 초치면 어디 흥이 나겠는가. 그 시간 잠이나 잘걸, 후회할 뿐이다.

남자들이 큰맘 먹고 랍스터 요리를 사줬는데 거기다 대고 "랍스터, 뭐 비싸기만 하지 맛은 그냥 그래" 해버리면 얼마나 김빠지겠는가. 돈도 아깝고 시간도 아깝지 않겠는가. 누군가 나에게 반응해 주면 그 사람이 더 친근하게 느껴지게 마련이다. 당신의 얘기에 크게 호응해 주는 남자에게 시선이 더 가게 마련이다. 왠지 내 편처럼 느껴지는 것이다.

나이 있는 능력자 언니들이여, 이미 다 해봤고, 다 먹어 봤고, 다 알고, 다 가 본 곳이라도 호감 가는 남자 앞에선 "어머~ 좋다", "맛있다", "재밌다" 요런 리액션 한마디씩 날려 주시길. 돈 드는 것도 아닌데 그냥 기분 좋게 서비스해 주면 좋지 않겠는가.

대신 여기서 절대 착각하지 말아야 할 것은 그렇다고 무조건 예스녀가 되라는 뜻은 아니다. 지조를 지키되 적당한 맞장구와 호응을 해주는 센스녀가 되라는 말씀.

나이가 많아도 발랄한 행동을 할 때 어려 보이더라구.
모든 일에 반응이 밍밍한 여자보단 톡 쏘는 여자가 더 매력적이잖아.
특히 연애할 때 점잖은 행동? 그런 건 개나 줘 버려.

Chapter 25

남자들이 생각하는 예쁜 여자란?

방금 남자들이 '어린 여자'가 좋은 이유를 말했는데, 그때 그 자리에 있던 남자가 한마디 덧붙였다.

"그런데 말야, 나이가 많고 적음보다 더 중요한 게 있어. 어쨌든 예쁜 여자가 좋다는 사실이지. 나이가 많아도 예쁘면 좋아. 흐흐…."

아, 뒷골 땡긴다. 결국 나이를 이기는 건 미모란 얘기니 여자는 미모에 울고, 미모에 웃는 숙명이란 말인가. 하긴 생각해 보면 남자와 '예쁜 여자'의 관계는 떼려야 뗄 수가 없다.

예전에 "남자들이 이별을 결심하는 순간은 언제인가?"라는 설문조사에서 '예쁜 여자가 나에게 호감을 보일 때'가 1위였다. 게다가 남자들은 예쁘면 마음도 착할 거라고 생각한다냐? (으휴, 짐승! 한마디 내뱉고 가자!)

어떤 목사님이, "자매들은 배우자기도 제목이 수십 가지에 이르지만, 형제들은 기도 제목이 딱히 있지도 않을뿐더러 있다 하더라도 '예쁜 여자'가 나타나면 그걸로 다 뒤집힌다"고 말씀하신 적이 있다. 그게 우스갯소리가 아니라 다 근거 있는 얘기였나 보다.

'흥, 남자들은 속물이야. 예쁘면 다 좋대. 속마음은 불여우인 것도 모르고. 얼굴 뜯어먹고 살 거야? 예쁜 게 왜 그렇게 중요해?'

이런 아니꼬운 생각이 들 수도 있다. 게다가 어떤 자매가 성격은 정말 별로인데 예쁘다는 이유 하나만으로 형제들에게 인기가 있다면 분노 게이지가 더 상승할 수도 있다. 하지만 우리 냉정하게 생각해 보자.

형제들만 예쁜 여자를 좋아하는가? 아니다. 우리 자매들도 잘생긴 남자를 좋아한다. 결국 우리는 남녀를 떠나서 외모가 잘난 사람한테 호감을 갖는다는 얘기다. 물론 정도의 차이는 있지만.

예전에 미국의 심리학자 랜디와 애론슨이 실험을 했는데, 모의재판을 통해 연구해 본 결과 똑같은 범죄라도 외모가 매력적인 피고는 덜 매력적인 피고보다 형량을 적게 받는다는 결론을 얻어냈다. 결국 예쁘면 모든 것이 용서된다는 말이 헛소리가 아닌 것도 증명된 건가? '대체 안 예쁜 사람 어디 서러워서 살겠나.' 이런 꼬이는 마음이 든다면 진정하시라.

외모만능주의네, 성형열풍이네, 뭐 이런 말들까지 쓰나미처럼 밀려들면서 짜증이 확 몰려오는가? 아무리 예쁜 여자라도 3년 지나면 평범해 보인다지만 지금 이 순간 이딴 말은 위로가 되지 않을 것이다.

그런데 여기서 더 중요한 것, '예쁘다'의 진짜 의미다. 객관적으로 예쁘다, 못생겼다의 기준은 물론 있지만 연애 상대인 여자가 예쁘다는 말은 '매력적인 외모'를 의미한다.

심리학자들은 사랑에 빠지는 과정을 크게 3단계로 분석한다. 1단계는 외모를 보고 일단 호감을 느끼는 단계다. 1단계를 통과하고 나면 그때부터 내면을 따지게 되는데 이것이 2단계다. 1단계와 2단계를 통과하고 나면 이제 3단계에서 사랑의 감정을 느끼게 된다는 것이다.

괜히 어렵게 심리학까지 들먹이지 않더라도 그대 자신의 모습만 생각해 봐도 딱 이해될 것이다. 청년부에서, 소개팅에서, 직장에서 뉴 페이스의 남정네가 등장했다고 치자. 제일 먼저 그의 뭐부터 보는가? 당연히 외모를 본다. 그대는 그의 외모만으로 호감과 비호감을 판단하게 된다. 그리고 함께 지내면서 그의 내면을 들여다보게 된다. 독심술가도 아닌데 상대방을 만나자마자 그의 속마음을 팍팍 꿰뚫어 볼 순 없는 게 아닌가!

어찌 보면 연애하고 싶은 감정, 호감을 일으키는 단계는 쇼핑할 때와도 비슷하다. 가방을 사러 백화점에 갔을 때, 일단 디자인이 마음에 드는 걸 집어 들고 나서 바느질이 꼼꼼한지, 가방 안에 보조 주머니가 몇 개인지, 끈 조절은 잘 되는지, 물건이 많이 들어가는지를 꼼꼼히 따져 보게 된다. 사랑이 일어나는 감정도 이런 단계를 거치는 것이다.

그런데 가방이라는 똑같은 품목을 사러 가서도 어떤가. 누구는 동그란 디자인에 꽂히고, 누구는 빅백을, 누구는 크로스백에 꽂힌다. '예쁘다'고 생각하는 기준이 다 다른 것이다.

따라서 남자들이 생각하는 '예쁘다'의 기준은 모두 주관적이라는 말씀. 자, 그러니 남자들이 예쁜 여자를 좋아한다는 말에 발끈할 필요가 없다. P군은 아담한 여자를 좋아하고, H군은 약간 살집 있는 통통한 여자를 좋아하며, J군은 얼굴이 동그란 여자를 좋아하는 등 남자들마다 '예쁘다'는 기준이 다르다. 이래서 짚신도 제 짝이 있다는 말이 나온 게 아니겠는가.

그러니 우리는 텔레비전에 나오는 연예인처럼 조각미녀가 아니어도 상관없다. 어딘가에 날 최고의 '절세 미녀'라고 생각하는 남정네는 반드시 존재하게 마련이니까. 100명이 당신을 뚱뚱녀라고 해도 당신의 반쪽인 단 한 명은 그대를 글래머러스한 매력녀라고 볼 것이니 괜찮다. 그렇기에 꼭 말하고 싶다.

"예뻐지라고!"

눈 찢고, 코 높여서 성형하라는 얘기가 아니다. 스스로를 가꾸라는 얘기다. 그대는 그대 나름대로 매력이 있다. 다만 가꾸지 않았을 뿐이다.

예전에 모 패션 프로그램에서 유명 스타일리스트가 일반인 여성의 패션 상담을 해준 적이 있다. 키도 꽤 크고 덩치가 좀 있는 여성이었는데, 평소 그녀의 패션은 검정색의 커다란 박스티였다. 똥배와 군살을 가리기 위해서였다. 스타일리스트가 딱 한마디로 요약했다.

"무조건 검정색의 큰 옷만 입는다고 날씬해 보이는 게 아니에요. 오히려 거대한 '검정 덩어리'로 보일 수 있죠. 반대로 밝은색 옷으로 화사하게 코디하면 훨씬 더 여성스러워 보이고 그 자신감이 멋져 보이겠죠."

'예뻐지라! 가꿔라!'는 바로 이런 의미다. 자신의 단점을 숨기는 데만 급급하지 말고 장점을 부각시키면 좋겠다. 객관적으로 안 예뻐도 앳지 있는 화장을 하고 센스 만점의 코디를 했을 때, 매력적인 여인으로 변신하는 패션모델들처럼 자신을 가꾸는 센스를 발휘하자. 더 이상 자신을 검정 덩어리로 방치해 두지 말자. 얼른 그대의 매력을 밖으로 분출시키자. 이것은 단순히 남자 눈에 잘 보이기 위해서만은 아니다. 여자의 자신감은 아름다움에서 출발하기 때문이다.

잘 꾸민다고 영성이 없는 게 아니다!

도대체 이런 생각은 어디서 나온 것일까? 신앙생활 할 때 외모 가꾸기에 신경을 쓰면 영성이 없는 사람이라고 생각하는 죄책감 말이다.

교회 갈 때 나비들이 날아올 것 같은 샤랄라 꽃무늬 치마를 입을까 싶다가도 '에이, 예배하러 가는데 과하게 멋내나?' 하면서 접고, 좀 화사하게 화장을 하려다가도 '에이, 예배하러 가는데 화장이 너무 진한가?' 또 마음을 접는다. 분명히 그 누구도 이런 게 안 된다고 얘기한 사람은 없다. 그저 스스로 그런 울타리를 만들어 가둘 뿐이다.

하나님을 만나러 가는데 왜 수수해야 하는가? 누가 그런 기준을 정한 적이 있는가? 우리 하나님은 예쁜 자매를 보면 눈 버리신다고 성경에 기록되어 있는가?

우리는 하나님이 주신 몸과 마음을 예쁘게 가꿀 의무가 있다. 열심히 사역하고, 기도하고, 큐티하면서 마음을 가꾸는 한편 외모도 자기답게 가꿀 의무가 있는 것이다. 아무리 마음이 건강해도 유행이 지난 옷을 입고 전혀 스타일이 살지 않는 옷을 입으면 건강해 보이지 않는다. 옷차림으로 우울한 기운을 내뿜을 필요가 없는 것이다.

외모 치장이 단지 남에게 과시하기 위한 것이라면 곤란하겠지만 몸과 마음을 소중하게 여기고 힘께 가꾸는 건 하나님도 기뻐하실 일이다.

물론 예배드릴 때 경건한 마음가짐과 단정한 차림새를 해야 하는 건 맞다. 그런데 단정한 차림새가 곧 수수하고 촌스러움을 의미하는 것은 아니다. 팬티가 보일락 말락 해서 남들을 민망하게 만드는 미니스커트만 아니라면 자기한테 가장 잘 어울리는 옷과 화장으로 꾸미는 것이야말로 예배드리는 가장 경건한 자세다.

입사 면접을 보러 갈 때나 결혼식장에 갈 때 우리는 최대한 예쁘게 꾸미고 간다. 거기에는 나 자신을 돋보이게 하려는 의도도 있지만 상대방에 대한 예의도 담겨 있다. 교회 갈 때도 이런 자세가 필요하다.

'영성이 부족하다고 생각하면 어쩌지?'
'철야 예배에 기도하러 왔지, 멋 내러 왔냐고 하면 어쩌지?'
'사역 열심히 안 하는 자매로 보이면 어쩌지?'

이렇게 쓸데없는 염려를 할 시간에 당신이 맡은 사역에 최선을 다하기 바란다. 그러면 사람들은 곧 인정하게 될 것이다. 그대가 신앙도 좋고 자신도 사랑하는 매력 있는 자매라고….

한 가지 더. 예쁘게 꾸미고 나타난 자매를 보면서 '흥, 교회가 소개팅 하러 오는 장소니?' 하는 눈으로 쏘아보지 말 것. 설사 그 자매가 진짜로 꾸미는 데만 집중해서 청년부 분위기를 흐려 놓더라도 말이다.

왜냐구? 그 자매가 그렇다는 건 당신 말고 다른 사람들 눈에도 다 보일 테니까. 그대까지 나서서 굳이 정죄할 필요가 없는 것이다.

교회에 다니는 노총각 남자 선배를 놓고 세 명의 자매가 배우자기도를 했대.
근데, 세 명 중 아무하고도 안 사귀어서 이유를 물었더니, '안 예뻐서'라는 거야.
엉덩이를 뻥 차주고 싶지만, 여튼 데이트하러 갈 땐 예쁘게 입고 나가자고.

Chapter 26

소개팅에도 전략이 필요하다

예전에 이런 설문조사를 했다. "여자들에게 소개팅을 해준다고 할 때, 소개팅녀가 제일 먼저 묻는 말은?" 반대로 "남자들에게 소개팅을 해준다고 할 때, 소개팅남이 제일 먼저 묻는 말은?"

이 재미있는 설문결과에서 여자들은 '뭐 하는 사람이야?'가 1위이고, 남자들은 '예뻐?'가 1위란다. 아이고, 남자들은 대화의 절반 이상이 '예쁘다'인 것 같다.

각설하고, 그대 역시 누군가 소개팅 주선을 해주려고 할 때 꼭 따지고 물어보는 게 있을 것이다. 직업, 나이, 외모, 집안, 신앙, 성격…. 그렇게 따져 물은 다음 마음에 들지 않으면 기도해 본다는 평계(?)를 대고 몇 날 며칠을 고민한다.

'소개팅에서 잘될 확률이 별로 없던데….'

'내가 좋아하는 스타일은 아닌 것 같은데… 굳이 시간 낭비하면서 만나야 되나?'

'소개팅 같은 인위적인 만남 말고 어디 운명적인 만남은 없을까?'

'요즘 좀 몸이 불었는데 딱 3kg만 빼고 만날까?'

이런 오만 가지 이유들을 잘근잘근 씹어대며 소개팅을 묵상한 후 깔끔한 결론을 내린다. 일단 다음으로 미루자고. 그러나 일단은 없다. 쇠뿔도 당긴 김에 빼랬다고 딱 그 타이밍에 만나야지 미루면 어영부영 시간만 흐르다가 언제 그랬냐는 듯 소개팅이란 글자가 쏙 사라져 버리게 된다.

제발 부탁한다. 소개팅 묵상 더 이상 그만하고 행동으로 실천하자. 걱정되는 모든 상황들은 주님 앞에 내려놓고 심플하게 살자.

'소개팅에서 잘될 확률?'

맞다. 별로 없다. 하지만 적은 확률에도 불구하고 지금도 어디선가 맺어지는 소개팅 커플이 있다. 그런 행운에 그대가 당첨될지 누가 아는가. 계속 강조했듯이 퍼펙트남은 없다. 주선자가 소개한 남자가 평균 점수 이상만 된다면 일단 만나고 보자. 주선자가 그대의 안티가 아닌 이상 웬만큼 괜찮은 상대를 준비해 두었을 것이다. 자고로 하늘을 봐야 별을 따는 것이고, 사냥을 나가야 토끼를 잡는 것이다. 방콕하고 배우자기도만 해서는 그대의 배우자가 벽을 뚫고 나오지 않는다.

'좋아하는 스타일이 아닌데 굳이 왜 만나나?'

그럼 좋아하는 스타일은 어디서 만날 생각인가? 그대의 상상 속에서? 그리고 직접 만나 보지 않고 좋아하는 스타일인지 아닌지 어떻게 알 수 있을까? 흔히 사진발에 속았다고 말하는데 그건 다 직접 대면하지 않기 때문에 벌어지는 실수들이다. 직접 만났을 때 그에게서 풍겨 나오는 특별한 매력을 사진은 절대 잡아 낼 수 없다. 주선자가 아무리 설명해도 절대 알아낼 수 없는 것이다.

외모가 좀 평범하더라도 범죄형의 험악한 사람만 아니라면 일단 만나자. 의외로 너무나 멋진 목소리를 가진 남자일 수도 있고, 해박한 상식으로 대화를 풍요롭게 만드는 남자일 수도 있다. 개그맨 뺨 서너 대 칠 정도로 그대를 계속 웃게 만드는 남자일 수도 있다. 그러니 일단 만나자.

'소개팅 같은 인위적인 만남 말고, 어디 운명적인 만남은 없을까?'

비오는 날 갑자기 그대의 우산 속으로 뛰어 들어온 강동원 같은 남자를 찾는가? 공항에서 뒤바뀐 여행가방을 계기로 영화 같은 연애를 하고 싶은가?

안타깝게도 그런 일은 드라마나 영화 속에서나 벌어지는 일들이다. 현실에서는 다들 현실스럽게 만난다. 사내에서 혹은 오다가다 동네에서 만나게 된다. 하지만 큐피드의 화살이 꽂히기만 하면 그들은 다 이렇게 생각한다.

'아, 우린 운명적으로 만났어.'

매일 밤샘하며 일하다 친해져서 사랑이 싹 튼 커플은 서로 다른 팀이 아니라 같은 팀이 됐다는 사실만으로도 운명을 들먹거린다. 그럴 수밖에 없다. 사랑은 모든 걸 신비롭게 포장하는 묘약이니까. 그러니 만나자. 소개팅으로 연인이 된다면 당신은 곧 이렇게 생각할 것이다.

'캬아, 평소엔 소개팅 안 하는데 그날은 괜히 하고 싶더라. 이게 다 그와 만날 운명이었어.'

그러니 일단 만나자. 운명론은 사랑이 이루어지면 완성되는 것이니까.

'요즘 좀 몸이 불었는데 딱 3kg만 빼고 만날까?'

솔직히 3kg 빼려고 한두 끼 굶어 봤자 500g 빠질까 말까다. 물 한 컵 마시면 말짱 도루묵이다. 그렇다고 일주일을 내리 굶을 수도 없다. 체력도 못 견디거니와 주변 상황도 녹록치 않다. 다이어트 좀 해야지 결심하는 날이면 회사에서 갑작스레 회식이 있다. 아니면 교회에서 밤에 모임이 있어서 야식을 먹게 된다. 다이어트가 말처럼 쉬운 게 아니다.

3kg 빼려고 결심하지 말고 3kg 날씬해 보이는 코디를 하는 게 더 빠르다. 그리고 '마른 여자는 딱 질색이야. 통통한 여자가 더 좋아'라고 생각하는 남자가 그 자리에 나올지도 모른다. 그러니 일단 만나자.

소개팅에서 정말 괜찮은 사람을 만나서 잘되면 좋은 거고, 안 되면 뉴 페이스 한 명 더 만났다고 생각하면 된다. 잘 안 되고 와서 '역시 난 안 돼', '매력이 없나 봐' 하며 머리 쥐어뜯을 필요 전혀 없다. 그대 역시 그에게 반한 건 아니었으니까 둘 다 셈셈이다. 그러니 일단 만나자. 만나서

잃을 건 없다. 소개팅 한 번에 진을 빼는 짓은 그만하자.

소개팅에서
만나기 싫은 상대?

사실 나 역시 그랬다. 연애하면 좋겠다 생각하면서도 막상 소개팅해 준다고 하면 불쑥 귀차니즘이 발동했다. 특히 상대방의 이런저런 조건들이 맘에 쏙 들지 않는데 굳이 만나서 시간 낭비할 필요가 있을까 했다.

결국 거절하고 또 거절하고, 거절이 반복되니까 주변에서도 더 이상 내게 누구를 소개해 준다는 말을 하지 않게 되었다. 우는 아이 떡 하나 더 준다고, '소개팅시켜 달라'고 입에 달고 사는 사람이 먼저지 시큰둥한 나한테까지 에너지 쏟을 일 없는 것이다.

그러다가 문득 외롭다는 생각이 골수까지 파고드는 어느 때가 있었다. 가을이어서 더 그랬던 것 같다. 바람이 머리카락을 흩날리고 살갖을 때리는데 가슴에도 바람이 휑 하게 부는 것 같았다. 그때 난데없이 소개팅의 기회가 찾아왔다. 그것은 대타로.

친한 후배가 원래 내 친구한테 해준 소개팅인데 그날 갑자기 회의가 길어져서 소개팅을 펑크 낼 상황이었다. 후배가 급하게 나한테 SOS를 쳤다.

"언니, 큰일 났어. 우리 오빠(그녀의 애인) 회사 동료랑 H언니가 오늘 홍대에서 소개팅하기로 했는데 H언니가 회의 때문에 못 갈 거 같아. 우리 오빠가 곤란하게 됐어. 언니가 대신 좀 나가 주면 안 될까?"

다른 때였다면 이것저것 따지고 재면서 망설였을 텐데… 그날은 외로웠다. 휴우, 얄궂은 외로움이여. 1초도 망설이지 않고 기꺼이 대타로 가겠노라고 했다. 그 후배는 정말 고마워하면서 상대방이 얼마나 괜찮은 사람인지 입에 침이 마를 정도로 칭찬하면서 그에 대한 데이터를 나열하기 시작했다. 음… 뭐, 들어 보니 꽤 괜찮은 사람 같았다.

그리고 그날 저녁 약간의 설렘을 안고 홍대로 향했다. 약속한 카페에 갔더니 혼자 앉아 있는 남자가 여럿 있었다. 띠띠띠띠, 휴대폰을 꺼내 들고 그에게 전화를 걸었다. 한 명의 남자가 휴대폰을 받으며 두리번거리다가 문가에 있는 나를 발견하고 손짓을 했다. 그런데 그 남자의 표정이 그리 밝아 보이지 않았다. 쉽게 말해 나의 첫인상이 그의 마음에 들지 않은 모양이었다. 어쨌든 우리는 통성명을 하고 본격적인 대화에 들어갔다. 그가 내게 물었다.

"힙합, 좋아하시나 봐요."

대체 내가 힙합을 좋아하는지 아닌지 어찌 알았을까? 아뿔사, 내 옷차림 때문이었다. 당시 힙합 바지, 일명 똥 싼 바지가 대대적으로 유행이었는데(방송국은 복장이 자유롭다 보니) 그날 난 힙합 바지에 운동화를 신고 있었다. 대타로 나간 소개팅이었으니 출근 복장 그대로였던 것이다. 그랬다. 그가 날 처음 봤을 때 표정이 썩 밝지 않았던 건 내 의상 때문이었다.

지금 생각해 보면 내 복장 참 어이없다. 그날 갑작스레 잡힌 대타 소개팅이었다 하더라도 조금 일찍 일을 마무리하고 적당한 옷으로 바꿔 입었어야 했다. 굳이 레이스 나풀대는 공주풍 의상은 아니더라도, 정장풍 스커트가 아니더라도, 처음 보는 남자와 그것도 러블리한 관계로 발전하느냐 마느냐 하는 문제가 걸린 자리에 엉덩이에 응가 한 줌 들어 있는 것 같은 힙합 바지는 아니었던 것이다. 깔끔한 세미 정장을 차려입고 나온 그에게 내 옷차림은 황당한 대접이었던 것이다.

그래도 그는 참 예의 바르고 좋은 사람이었다. 나름대로 유쾌한 대화를 나누며 차도 마시고, 밥도 먹고, 소개팅의 기본 절차는 다 밟았으며 집 근처까지 곱게 잘 데려다 줬으니까. 물론 그와는 그날 이후 영영 볼 일이 없었지만.

소개팅은 서로 알고 지낸 사이가 아니기 때문에 사람의 첫인상을 보고 평가할 수밖에 없다. 특히 남자들은 대개 여자의 첫인상으로 애프터를 신청할까 말까를 결정한다고 한다. 여자들은 대화를 나누는 도중에 마음이 바뀔 수도 있지만 남자들은 아니란다.

정말 괜찮은 상대가 그대의 내면이 너무나 아름다움에도 불구하고 첫인상 때문에 그대에게 호감을 못 느낀다면 얼마나 안타까운 일인가. 소개팅은 딱 한 번 만난 후에 애프터 여부를 결정한다. 첫인상을 좌우하는 데 옷차림만큼 중요한 게 없다. 그러니 힙합 바지 이런 건 소풍 갈 때나 입었어야 했다.

소개팅에도 성공 전략이 필요하다. 이 얘기에 '흥, 나도 상대방을 평가할 권리가 있는데, 왜 나만 잘 보여야 돼?' 하고 생각할 분이 있을지 모르겠다. 그렇다면 이렇게 생각해 보라.

일단 그대가 멋진 모습으로 상대방의 마음을 설레게 한 후에 상대방을 고르는 유리한 입장이 돼라. 100명이 다 그대에게 무릎을 꿇으면 그중에서 마음에 드는 사람을 쏙 골라내면 좋지 않겠는가?

예전에 "소개팅에서 어떤 사람이 진상"인지를 설문한 적이 있는데, 상위권에 들어간 부류는 이런 사람들이었다.

- 앞에 앉은 나는 신경도 안 쓰면서 친구랑 통화, 문자하는 사람
- 트레이닝복 입고 나온 걸로도 모자라 양말에, 삼선 슬리퍼(네 줄 무늬 아디다스 짝퉁) 신고 나온 사람
- 커피도 후루룩~, 돈까스는 쩝쩝~, 껌은 쫙쫙~ 뭘 먹을 때마다 소리가 요란한 사람.
- 소심해서 뭘 할지 갈피를 못 잡고 계속 나한테 뭐 하고 싶냐고 물어보는 사람
- 은어, 속어 등 말투가 거친 사람
- 나에 대해서는 관심이 없고 오직 직장, 연봉, 학력, 집안 등 내 배경에만 관심이 있는 사람
- 오직 자기 자랑만 해대는 사람
- 만나자마자 축구 얘기, 게임 얘기 등 자기 관심사만 얘기하는 사람
- 얘기하는 중에 갑자기 자기 친구에게 보내는 문자를 내게 잘못 보낸 사람. "지금 나랑 소개팅하는 사람, 진짜 별루야."

· 레스토랑에서 갖은 폼 다 잡으면서 점원에게 함부로 대하는 사람

　소개팅에 나가서 최소한 저런 행동은 하지 말아야 한다. 위의 예들을 달달 외워서 상대방에게 잘 보이기 위한 연극을 하라는 게 아니다. 그대가 상대에 대한 예의와 배려가 있는 사람이라면 그대에게서 우아함이 저절로 풍겨 나올 것이다. 그리고 바꾸어 말하면 소개팅남이 만약 저렇게 행동한다면 그대 역시 미련 없이 돌아서면 된다.

상대방이 어떨지 모르는데 소개팅 나갈 때 대충 하고 나가는 거 정말 반대야.
대충 하고 나가면 실패 확률 100퍼센트인데, 그럴 거면 소개팅은 왜 해?
왜 이러고 있나 하지 말고 어서 거울 앞에 앉아서 변신 시작!

Chapter 27

사랑을
만드는
레시피

상상해 보자.

늦은 밤, 갑자기 출출해서 사발면이 먹고 싶어졌다. 그래서 편의점에 갔는데 어라? 청년부 형제를 만났다. 그 역시 사발면 생각이 나서 왔단다. 평소 친하게 지내는 사이는 아니지만 만난 김에 이런저런 얘기를 나누며 라면 한 사발 함께했다.

그리고 며칠 후 날이 좋은 어느 휴일, 가까운 공원에서 산책을 하다가 벤치에 앉았다. 잠깐 하늘을 바라보다 이어폰을 끼고 살포시 눈을 감고 음악 삼매경에 빠졌다. 한참 그러고 있는데 누군가 어깨를 탁 친다. 눈을 떠보니 어라? 그 형제가 싱글벙글 웃는 얼굴로 앞에 서 있는 게 아닌가.

잠시 벤치에 앉아서 얘기를 나눴다.

또 며칠이 지났다. 꼭 보고 싶은 영화가 있어서 극장에 갔는데 어라? 옆줄에서 그 형제 역시 표를 끊고 있다. 결국 둘이 함께 영화를 봤다.

Q 만약 이런 상황을 겪는다면, 어떤 생각이 들까?
1 우리 둘이 '인연'인가?
2 흥, 혹시 내 '스토커'?

부득이하게 스토커라고 의심할 수도 있겠지만 대부분은 인연이라고 생각할 것이다. 더 나아가 평소 관심이 없던 그 형제에게 왠지 모를 친근함이 느껴지면서 괜히 청년부의 다른 사람들은 모르는 둘만의 비밀이 생긴 것 같은 은밀한 기분까지 든다. 어쩌면 그 형제가 괜찮은 사람이란 생각으로 발전할 수도 있다.

그러면서 예전에는 주일에 만나면 달랑 인사만 나눴지만 이제는 자연스럽게 긴 대화를 하게 된다. 그러다가 수련회를 갔다. 이런저런 물품을 들고 낑낑대고 가는데 누군가 뒤에서 짐을 확 낚아채서 깜짝 놀라 돌아보니 바로 그 형제다. '따뜻한 사람이구나', 살짝 감탄하게 된다. 그리고 얼마 후, 그 형제가 내게 좋아하노라 고백하는 게 아닌가. 그 순간 '우리가 이런 인연이 되려고 자꾸 만났던 걸까?' 하는 생각과 함께 마음이 그 형제에게 기울어져 버린다.

자, 여기까지 소설을 썼지만 실제로 이렇게 자주 마주치면서 서로를 인연이라고 여기고 특별하게 생각하게 되는 경우를 주변에서 종종 본다.

그런데 만약 이 소설 속의 형제가 우연이 아니라 자매의 동선을 파악해서 편의점과 공원과 영화관에 나타난 거였다면 어떻게 생각하는가?

'역시 스토커 맞네' 할 것인가? 아니다. 미니홈피를 파도타기해 가며 주변 인물들을 모두 파악하고 밤새 집 앞에서 거머리처럼 붙어 있는 게 아니라면 그 형제는 사랑의 전술가요, 센스 있는 심리가다.

마음에 든다고 그저 멀뚱멀뚱 바라보기만 한다면 아무 결실도 맺지 못한다. 꼭 만나 보고 싶은 상대라면 일단 만나는 봐야 되지 않을까? 이때 무작정 부딪히는 것도 용기 있는 행동이지만 일단 상대방의 마음을 흔들어 놓고 시작한다면 더 유리하다. 그 형제는 그런 심리를 잘 꿰뚫어 본 것이다. 그리고 성공했다.

반대로 고백을 했으나, 'No' 거절당할 수도 있다. 그래도 상관없다. 노력한 것만으로도 미련은 없을 테니까.

내 경우 남자 문제는 아니었지만 대학교 때 신입생 오리엔테이션을 가게 됐다. 바로 직전에 신입생 환영회에서 많은 선배들을 봤는데 그중에 2학년의 한 언니가 눈에 띄었다. 선해 보이는 첫인상도 좋았고 후배들에게 친절한 모습도 좋았다. 그 후 계속되는 과 행사와 전체 MT까지 선배들과 함께할 일이 많았는데 희한하게 그 언니랑 계속 같은 조로 편성되는 것이었다.

친해지고 싶은 언니랑 자꾸 같은 조가 되니까, '이 언니랑 나랑 뭔가 특별한 인연이 있는 게 아닐까' 하는 생각을 하게 되었다. 아니 더 정확하게 말하면 친해지고 싶은 마음에 그렇게 생각했던 것 같다.

우리 둘은 같은 조가 반복되면서 다른 선후배들보다 훨씬 빨리 친해졌는데 나중에 언니가 얘기했다. 자기 역시 처음부터 후배들 중에서 내가 괜히 마음에 들었고 챙겨 주고 싶었다고. 그래서 임원의 권한으로 일부러 같은 조에 배정한 거였다고. 그 언니와 나는 20년이 된 지금까지도 친자매처럼 지내고 있다.

맞다. 사람의 심리는 '우연'이 반복되면 필연이라고 여기게 된다. 우연도 자꾸 반복되면 필연이라는 말이 허튼소리가 아니다.

혹시 마음에 드는 사람이 있다면 일단 그에게 우연을 가장해서 접근해 보는 게 어떨까? 더도 말고 덜도 말고 딱 세 번만 우연을 만들어서 필연이라고 각인시켜 보자는 얘기다.

꼭 큐피드만 화살을 쏘라는 법 있나? 직접 큐피드의 화살을 뽑아서 잘 조준해서 쏘면 된다. 지금은 간택당하기만(?) 기다리는 조선 시대가 아니다. 마음에 드는 상대라면 곁눈질만 하다 맥없이 놓치지 말자. 사랑하려면 재치 한 스푼과 용기 두 스푼이 필요하다.

때로는 도끼 드는 수고를 버리고
도끼에 찍히는 그대가 되라

> 병법36계를 보면 상황에 따라, 상대에 따라 전술이 모두 다르다. 사랑도

마찬가지다. 적극적으로 도끼를 찍어서 상대방이 넘어오도록 만드는 것도 멋지지만 때로는 상대방이 도끼로 그대를 찍도록 만드는 것도 재치 있는 작전이다.

이런 작전이 먹히는 몇 가지 상황이 있는데 특히 상대방이 그대에 대한 감정을 분명하게 정하지 못했을 때다. 쉽게 말해서 그대를 이성으로 좋아하는 건지, 친구로 좋아하는 건지 헷갈릴 때 이 방법을 쓰면 효과가 있다는 말이다. 또 다른 상황은 삼각관계 등의 경쟁자와 얽혀 있을 때도 효과적이다.

그것은 일명 '질투 작전'이다.

유치하게 웬 질투 작전? 이렇게 말하지 말라. 일명 센스라고 말하련다. 실제로 방송에서 설문조사를 했을 때 질투 작전이 진짜 효과 있다는 대답이 꽤 많았다. 질투 작전의 방법, 의외로 간단하다.

- 호감 가는 이성에게 "나 내일 소개팅해"라고 말하기
- 그에겐 약간 쌀쌀맞게, 대신 그의 친구와 더 친하게 웃으며 지내기
- "회사에서 J가 자꾸 사귀자고 하네…" 살짝 흘려 보기.

그가 아닌 다른 인물을 등장시켜서 그의 질투심에 불을 붙이는 것이다. 물론 그가 그대를 그다지 좋아하지 않았다면 그 불씨는 바로 사그라지겠지만 막상 고백을 못했을 뿐 그대를 마음에 품고 있었다면 그 불은

활활 타오르게 될 것이다. 그리고 그는 좋아하는 사람을 다른 사람에게 빼앗길까 노심초사하며 그대를 먼저 차지하기 위해 없는 용기라도 만들어서 고백하게 될 것이다.

한 자매가 회사에서 MT를 가게 되었다. 저녁식사 후 자유 시간을 즐기는데 동료 한 명이 바닷바람도 쐴 겸 산책하자고 했다. 초여름 저녁의 선선한 바람이 좋아서 그 자매는 흔쾌히 받아들였다. 둘은 바닷가를 걷다가 모래사장에 앉아 얘기를 나누게 됐다. 한 시간가량의 자유 시간이 훌쩍 지나갔고 어느새 주위는 어둑어둑해졌다. 그때 그들을 찾아 헐레벌떡 뛰어오는 한 남자가 있었다. 회사 선배로 그는 자매를 보자마자 버럭 화부터 내는 게 아닌가! 오랫동안 안 보여서(겨우 한 시간 남짓인데) 걱정했다는 말과 함께.

알고 보니 그 선배는 자매를 짝사랑하고 있었는데 다른 남자와 사라져(?) 버린 순간 질투가 불타오른 것이었다. 둔한 자매만 눈치를 못 채고 있었을 뿐이다. 산책을 권유한 남자 동료 역시 그녀를 짝사랑하고 있었는데 남자 선배는 이미 그걸 직감하고 둘이 사라지자 본능적으로 경쟁자에게 경광등을 켜게 된 것이다.

이 세 명의 결과는 어떻게 되었을까?

질투에 눈먼 선배가 그 자매에게 마음을 고백했다.

이것이 바로 질투 작전의 긍정적인 힘이다. 그 자매가 일부러 질투 작전을 쓴 건 아니었지만 그때의 경험으로 질투 작전의 효과를 정확하게 학습했단다.

친구인지 연인인지 모를 남정네가 있다면, 마음에 드는 상대방의 속마음이 궁금하다면 질투 작전을 펴 보는 게 어떨까?

여기서 중요한 포인트는 그대가 다른 남정네에게 푹 빠져 있는 것처럼 보여선 안 된다. 그럴 경우 그는 이미 진 싸움이라고 생각하고 전투력을 상실하고 만다. 그에게도 그대가 자신을 좋아하는 건가, 아닌가 하는 아련한 분위기를 살짝 풍겨야 한다.

아, 웬 사랑이 이리도 힘이 드는가. 그러나 즐기는 마음으로 하자. 어차피 결혼하면 안 할 일 아닌가. 자, 그대는 그저 약간의 미끼만 던지면 된다. 대신 상대방이 덥석 물도록 꼭 여지를 남겨야 한다는 걸 잊지 마시길.

여자는 남자처럼 연애하면 안 돼. 무조건 앞뒤 안 보고 달려들어서 남자를 부담스럽게 하거나 다 된 밥에 무반응으로 일관해서 도망가게 하는 걸 보면 안타까워. 좀 오글거려도 여우같이 굴면 안 될까?

Chapter 28

상대방을 **안달** 나게 하는
치명적인 방법

그대는 어디에 해당하는가?

Q 멋진 이성을 만났을 때 당신은?
1 상대방을 안달 나게 만드는 나만의 방법이 있다.
2 딱히. 그냥 늘 물 흐르듯이 자연스럽게.

혹시 1번 답에 대해 실눈 뜨고 쳐다보는 분이 있는가? '여우 같다'거나 혹은 '앙큼하다'거나 '뒤로 호박씨 깐다' 등의 생각과 함께 말이다. 예전에 프로그램을 준비하면서 '인기녀'라고 불리는 20~30대 여성 수십 명과 인터뷰를 한 적이 있다. 그때 똑같은 질문을 했더니 이야, 놀랍게도 전원 모두 1번이라고 대답했다.

아잉, 오꽈~ 하는 콧소리나 눈웃음 같은 흔하고 진부한 방법부터 시작해서, 일부러 그 앞에 물건을 떨어뜨려 살짝 스치듯 주우며 그와 교감을 나누거나 여러 명이 함께 앉은 테이블에서 화장실 간다면서 일부러 발에 걸려 넘어지는 척하며 그의 무릎에 살포시 주저앉는 꽤 대범한 방법까지, 마치 연애 교과서를 보는 느낌이었다.

그렇다고 오해하지 마시라.

그녀들은 소위 놀기만 하는 그런 부류의 여자들이 아니었다. 오히려 자기 관리가 철저한 꽤 괜찮은 전문직 여성들이었다. 그래서 그녀들과 얘기를 나누면서 그녀들이 특별한 건지, 내가 너무 순진한(?) 건지 헷갈릴 지경이었다.

남자 무릎에 주저앉으라고 이 얘길 하는 게 아니다. 엉큼하게 유혹하라는 얘기도 아니다.

다만 크리스천 자매들 중에는 너무 순진해서 좋아도 좋은 척 티도 못 내는 자매들이 있어서 하는 말이다. 어느 누구도 크리스천은 이성에 대한 감정에 솔직하면 안 된다고 하지 않았다. 아니 오히려 믿음, 소망, 사랑을 실천하는 우리 크리스천이야말로 가장 솔직하고 진실하게 사랑할 수 있다고 생각한다. 뒤틀린 유혹이 아니라 건전한 호감을 표현할 수 있는 사람들이라고 생각한다.

다만 약간의 재기발랄한 센스를 발휘해서 상대방에게 그대를 어필하길 바라는 것, 이것이 내가 말하고 싶은 '상대방을 안달 나게 만드는 그대만의 치명적인 매력'인 것이다.

그대, 그런 치명적인 매력을 가졌는가?

잘 모르겠다면 지금까지 그대에 대한 주위 사람들의 평가가 어땠는지 기억을 떠올려 보라. 그게 남자든 여자든 상관없다. 하다못해 학창 시절 반 친구들이 끄적여 줬던 롤링 페이퍼의 내용이라도 떠올려 보라.

목소리가 좋다, 표정이 풍부하다, 친절하다, 웃는 모습이 예쁘다, 눈이 반짝인다… 무엇이든지 분명히 있을 것이다.

자, 기억나는가?

신기한 건 남들이 평가한 장점들은 대부분 두세 가지 정도로 압축된다는 점이다. 바로 그것이 그대가 가진 '치명적인 매력'이다.

사람들의 눈은 대부분 비슷하다. 그리고 상식적이다. 그러니 그 사실을 믿고, 그걸 갈고닦아서 누구도 부정할 수 없는 그대만의 매력으로 발전시키기를. 그리고 그대가 놓치고 싶지 않은 누군가를 만났을 때 그 앞에서 자연스럽게 그 매력을 발산하기를.

그는 어쩌면 그대의 매력에 100% 빠져들 수도 있고, 반 정도만 빠져들 수도 있고, 아니면 아예 관심조차 없을 수도 있다. 그래도 괜찮다. 그대가 누군가의 가정을 깨뜨리면서까지 꼬리친 게 아니니까. 그것은 그대만의 건강한 표현법일 뿐이니까. 그걸 좋아하는 또 다른 누군가를 만나면 되니까.

이 모든 얘기는 그대가 혹시 누군가를 좋아하면서도 아닌 척하며 기회를 놓칠까 봐 노파심(?)에서 호들갑을 떤 것이니 이해해 주길.

상대의 어떤 한 포인트에 꽂혀서 마음을 홀라당 빼앗긴 적 없어?
남자들도 똑같아. 그대의 눈짓 한 번, 손짓 한 번에 확 반할 수 있다는 거야.
그 한 포인트를 개발하는 거, 지금 그대에게 꼭 필요해.

오히려 믿음, 소망, 사랑을
실천하는
우리 크리스천이야말로
가장 솔직하고 진실하게
사랑할 수 있다.

Chapter 29

사랑을
쫀득하게!
밀당의 기술

얼마 전, 여섯 살 난 아들이 유치원에서 작은 화분을 하나 가져왔다. 화분을 가슴에 소중히 끌어안고 들어온 아들은 직접 베란다 제일 중앙에다 화분을 고이 모셔 놓았다. 하루가 지난 다음 날 아침에 눈뜨자마자 물었다.

"엄마, 언제쯤 새싹이 날까?"

아들은 주기적으로 화분을 체크하고, 물을 주면서 지극정성으로 가꿨다. 어느 날 작은 새싹이 고개를 내밀자, 아들은 빨리 사진 찍어 달라고 아우성쳤다. 그 새싹은 아들의 사랑과 정성을 먹으며 아주 많이 자랐다.

사랑도 똑같다. 씨만 뿌려 놓는다고 저절로 자라지 않는다. 지극정성으로 잘 가꿔야 한다. 흔히 연애를 시작하는 순간 사랑이 이루어진 줄로 착각한다.

처음에 그가 그녀를, 그녀가 그를 조심스럽게 마음에 담으면서 설렘이 시작된다. 서로에게 호감은 있지만 아직 확신하기 힘든 둘만의 교감이 오고간다. 서로 최고로 보이고 싶어서 그 앞에서, 그녀 앞에서 약간의 내숭을 떨며 말하고 행동한다. 그러다가 누군가 용기를 내어 수줍게 고백을 하면 둘의 연애가 본격적으로 시작된다.

연애 시~작, 땅! 하는 총소리와 함께 이전까지 간질간질하던 관계에서 급속도로 가까워지다 급기야 편안해진다. 온 신경을 곤두세우던 팽팽한 긴장의 끈이 확 풀어지는 순간이다.

그런데 이때부터가 중요하다. 이 지점에서 어떻게 하느냐에 따라 둘의 관계가 달라진다. 그대의 처세술에 따라 상대방은 자신이 생각한 것보다 훨씬 더 그대를 매력 있는 여성이라고 느낄 수도 있고, 더 이상 깊이 사귀고 싶지 않다고 생각할 수도 있다.

사랑의 씨앗은 뿌려졌다. 이제 물을 주고 아름답게 가꿀 일만 남았다. 둘의 사랑이 흐지부지되지 않기 위해, 그대가 아프지 않기 위해, 연애 초반에 꼭 필요한 것이 있다. 바로 그 유명한 '밀당'이다.

까다롭게 굴기

연애는 결혼이 아니다. 연애는 결혼을 향해 가는 여정이다. 연애를 하는 동안 남녀는 마음속으로 이것저것 따져 보고 재면서 결혼을 할까 말까를 결정하게 된다. 어떤 남자와 연애를 시작했다면 결혼을 생각하지 않을 수 없다. 애초부터 '결혼은 No, 연애만 할 거야'라고 작정하지 않은 이상 말이다.

남자는 특히 '내 여자'가 됐다고 생각하는 순간 온 마음을 놓아 버린다. 그런 남자들의 속성을 잘 헤쳐 나가려면 연애 초반에는 특히 여자들의 야무진 행동이 중요하다.

남자는 쉬운 여자를 좋아하지 않는다. 오히려 어려운 여자에게 더 매력을 느낀다. 이런 말이 있다.

"남자는 가슴속에 방이 여러 개 있고, 여자는 방이 딱 하나 있다."

남자는 첫사랑부터 현재 사랑까지 1호, 2호, 3호… 방마다 다 담지만 여자는 애인이 바뀌면 바로 전 사랑은 깨끗하게 잊어버린다. 그게 남녀의 성향 차이다. 그래서 여자는 한 남자와 본격적으로 사귀기 시작하면 오직 그에게만 몰입하지만 남자는 그렇지 못하다. 가끔 1호 여자가 기억에서 튀어나오기도 하고, 3호 여자가 갑작스레 연락이라도 오면 살짝 흔들린다.

그런 까닭에 그녀들은 연애 초반 그에게 좀 어려운 여자가 되어야 한다. 이때 꼭 필요한 것이 바로 '까다롭게 굴기'다. 여기서 잠깐! 이것도 싫어, 저것도 싫어 하면서 피곤하고 까탈스럽게 구는 것과 절대 헷갈리면 안 된다.

까다롭게 굴기란 '그녀가 그의 손에 완전히 쥐어지지 않는 것'처럼 행동하란 얘기다.

누군가의 행동이 내 손바닥 안에 있듯이 뻔해 보인다면 재미없지 않은가. 그는 까다로운 그녀를 이렇게 생각할 것이다.

'분명히 사귀는 사이인데 저 여자 마음을 도통 모르겠어.'

그러면 그는 그녀에게 온통 관심을 기울이며 집중하게 된다. 언제 도망갈지 모르는 그녀 마음을 잡으려고 노심초사하는 것이다. 일종의 선녀와 나무꾼 원리다.

왜 굳이 이렇게까지 해야 하냐고 볼멘소리를 하신다면 이게 답이 될까? 그대의 마음을 어렵게 얻어야 그는 그대를 더욱 값지고 소중하다고 느끼기 때문이다. 솔직히 우리도 뭐든지 어렵게 얻으면 더 소중하게 간직하려고 하지 않는가?

그럼 까다롭게 구는 것이란 대체 어떤 것일까?

Q 연애 초반 그의 이름으로 부재 중 전화가 와 있다. 당신은?
  1 '어머, 울 자기, 전화했었네' 하고 전화를 건다.
  2 '다시 걸겠지' 하고 전화 올 때까지 기다린다.

자, 어떤 걸 선택했는가?

1번을 선택한 그대, 착한 여자. 2번을 선택한 그대, 연애선수.

연애 고수들은 말한다.

"세 번에 한 번꼴로 전화를 받지 말라."

나도 그녀들의 조언에 찬성한다. 전화벨이 아무리 시끄럽게 울려도 귀를 막고, 왼손이 자꾸만 전화기에 가려 하면 오른손으로 붙들어 매서라도 부재 중 전화를 만들라. 그는 전화를 받지 않는 당신을 걱정하게 되고 빨리 당신의 목소리를 듣고 싶어서 안달하게 된다.

또 하나, 데이트 약속을 잡을 때 망설이라!

머릿속으로는 온통 그와 데이트할 생각뿐이고, 아무 약속이 없어 방콕하는 날이더라도 그가 만나자는 말이 떨어지자마자 '오케이!' 대답하지 말라는 얘기다. 가끔은 '어… 그날 친구랑 약속이 있긴 한데…'라든가 '모임이 있는데, 어쩌지…?'라고 없는 일이라도 꾸며서 고민하는 척하라. 그는 바쁜 여자, 인기 많은 그녀를 하루빨리 확실하게 자기 여자로 만들고 싶어 조바심이 날 것이다.

이 두 가지 방법의 공통점은 모두 '곧바로 Yes하지 않는다'이다.

혹시라도 까다롭게 구는 동안 그가 도망가지 않을까 하는 걱정은 붙들어 매시라. 장담한다. 그는 절대 도망가지 않는다. 본능적으로 정복 욕구가 강한 남자들은 좋아하는 그녀를 끝까지 포기하지 않을 테니까. 만약 여기서 포기해 버리는 사태가 발생한다면 오히려 잘됐다. 그는 당신에게 그리 마음이 없었던 것이다. 그런 남자에게 목숨 걸 필요는 더더욱 없다.

경계해야 할 녀석의 정체
'다 퍼주기'

얼마 전 후배에게 전화했더니 목소리가 잠겨 있었다. 이유를 물어보니 내가 전화하기 바로 직전에 남자친구랑 헤어지고 들어왔다고 했다.

"내가 너네 헤어질 줄 알았다. 얘, 잘됐어. 그 사람 별루야."

위로해 줘도 모자랄 판에 냉정한 소리를 내뱉었다. 평소에 후배가 연애하는 모습을 보면서 조언한답시고 가끔 싫은 소리를 하던 터였다. 남의 연애사에 감 놔라, 배 놔라 하는 건 예의에 어긋나는 줄 알지만 오죽하면 그랬겠는가.

그들의 관계는 사랑하는 연인이라기보다 마치 엄마와 아들 같았다.

후배는 잘해 주고 싶은 마음이 커서 그와 연애를 시작하자마자 그에게 모든 걸 다 퍼주었다. 특히 경제적인 면에서. 후배는 이미 사회인이었고 남자친구는 유학을 준비하며 공부하는 입장이어서 더 그랬다. 남에게 베풀고 화통한 그녀의 기질이 남자친구한테 제대로 발휘된 것이다. 데이트 비용은 기본이고 옷이며 가방이며 그가 필요하다는 것은 다 사다 바쳤다. 심지어 용돈까지 주었다.

문제는 연애 초반부터 그래 놔서 그는 자기가 어떤 잘못을 해도 다 이해해 줄 거라고 믿고 기고만장해져서 후배에게 함부로 굴었다. 그렇게 지극정성으로 잘하는 후배와 달리 그는 가끔씩 전화도 안 받고, 각종 기넘일도 소홀하게 지나쳐 버렸다. 심지어 그녀의 생일날에 선물은커녕 만나서 데이트도 안 했다. 그래도 후배는 그를 용서하고 이해했다. 그러나 그는 얼마 지나지 않아 마음에 안 드는 일탈 행동을 또 했다.

후배는 데이트 비용을 다 낼 수 있을 만큼 돈이 많았어도 그러지 말았어야 했다. 그가 좋아서 어쩔 줄 몰라도 일단 비싼 선물 사주는 건 좀 미뤘어야 했다. 나는 그녀가 시간 완급 조절에 실패했다고 본다.

연애 초반에는 까다롭게 굴어야 한다. 그가 어려운 여자로 느껴지도록 굴어야 한다. 그가 후배에 대한 간절함이 극에 달할 때쯤 '그래, 일단 좀 만나 보자' 하고 그가 내민 손을 살짝, 절대 덥석은 안 된다, 잡아야 했다. 그랬다면 반항아 아들한테 용돈 주는 엄마처럼 후배가 전전긍긍하지 않아도 됐을 것이다. 그가 그녀에게 완전히 푹 빠진 후에 잘해 줘도 늦지 않았을 것이다.

이별로 가슴 아파하는 후배에게 얘기했다.

"그 사람은 잊어. 더 좋은 사람, 널 진심으로 좋아하는 사람이 곧 나타날 거야. 그리고 앞으로 누굴 만나든 처음부터 무조건 잘해 주지 마. 좀 튕겨야 돼. 그래서 그 사람이 너한테 안달 나게 만들란 말야. 그래야 널 귀하게 여기지. 그 녀석은 널 너무 함부로 대했어. 그런 사람한테 니 마음을 주기엔 네가 너무 아까워."

연애 초반에 너무 잘해 주면 오히려 화가 될 수 있다. 연애 초반엔 마음이 이미 그의 그물에 걸려들었어도 그에게 그대가 확실히 잡힌 물고기가 되었다는 걸 들켜선 안 된다. 좀 늦게 알려도 된다. 그의 그물 속에 들어 있는 과거의 사랑, 곁눈질, 헛된 바람 등을 야무지게 다 정리해 놓고 알려도 늦지 않다.

난 그대가 잘해 주고도 아파하는 거 싫다. 같은 여자로서.

연애를 해보고 깨달은 건, 처음 주도권을 잡는 게 중요하다는 거야. 물론 사랑은 서로 주고받는 거지만 그래도 좀 더 한 수 우위에 있는 사람한테 상대방이 더 맞춰 주더라구. 그대는 어떤 걸 원해?

누굴 만나든
처음부터 무조건
잘해 주지 마.
좀 튕겨야 돼.
그래서 그 사람이
너한테
안달 나게
만들란 말야.

Chapter 30

남자를 길들이는 비법

《칭찬은 고래도 춤추게 한다》, 한때 이 책이 전국을 강타했다. 책을 읽었든 안 읽었든 누구나 이 책의 제목은 한 번쯤 들어 보았을 것이다. 실제로 범고래 조련 과정을 보면 조련사가 물속에 로프를 넣어 두는데, 범고래가 로프 아래로 헤엄치면 가만히 있지만 로프 위로 올라오면 먹이를 준단다. 그러면 범고래는 다시 칭찬받기 위해서 로프 위로 올라오고, 조련사는 물속의 로프 위치를 점점 높이다 급기야 물 밖으로 올린다. 그때도 범고래는 칭찬받기 위해 있는 힘껏 로프 위로 뛰어오른다.

이 원리대로라면 굳이 잔소리하고 화내면서 교육시킬 필요가 없는 것이다.

나는 이 원리를 연애에도 적용시키기로 했다.

서른 살에 만난 사람(남편)과 본격적으로 연애라는 걸 시작할 때쯤, 20대 초중반의 풋사랑 같던 연애 경험을 되돌아보았다. 그땐 어렸고 그래서 사랑이라는 감정을 다룰 줄 몰라 상대방을 대하는 자세나 태도가 어설프기만 했다.

하지만 서른 살에 시작하는 연애는 멋지게 해보고 싶었다. 잘돼서 결혼을 하든 잘 안 돼 이별을 하든 그런 것과 상관없이 일단 만나는 동안만큼은 지혜로운 여자가 되고 싶었다. 사랑하는 데 그다지 중요하지 않은 사소한 것들에 집착하거나 싸우지 않고 감정의 소비를 줄이고 싶었다. 남자 바짓가랑이나 잡고 우는 여자도 되기 싫었다. 연애하면서 남자한테 끌려다니지 않고 당당하게 사랑을 즐기고 싶었다. 그래서 굳이 머리를 써서 '칭찬하기' 작전을 짜냈다.

먼저 머릿속으로 칭찬하기의 효과를 시뮬레이션해 보았다.

1단계: 그가 A라는 좋은 모습을 내게 보여 준다.

2단계: 그러면 나는 그를 칭찬한다.

3단계: 그는 연인에게 칭찬을 받아서 무지하게 기쁘다.

4단계: 그는 나한테 칭찬받기 위해 다음에도 그 모습을 지속적으로 보여 준다.

와우, 시뮬레이션은 일단 성공적이었다. 실제로 적용했을 때도 맞아떨어지는지 관찰하기만 하면 된다.

　작전을 세운 후 우선 남편의 칭찬거리부터 찾았다. 당시 남편은 내가 바라지도 않는데 자기가 먼저 가방을 들어 주겠다고 했다. 나는 가방을 무거워할 만큼 연약하지도 않을뿐더러 맨손으로 걸어 다니는 건 허전하고 오히려 가방을 메야 안정적이어서 거절했다. 그런데도 남편은 (본 건 많아 가지고) 굳이 가방을 들어 주겠다는 호의를 베풀었다. 그것부터 칭찬하기로 했다.

　"어머~ 날 항상 배려해 주고… 정말 따뜻한 사람이군요. 난 당신의 이런 점이 정말 좋아요. 고마워요."

　남편의 입이 귀에 걸렸다. 진짜로! 그리고 내게 더 칭찬받고 싶어서 별로 그럴 필요도 없는 것까지 배려하려고 노력했다.

　한번은 특별한 날이 아닌데도 약속 장소에 꽃을 사 들고 나왔다. 내 속마음은 꽃은 며칠 지나면 바로 시들어 버려서 아깝다고 생각했지만 겉으로는 웃으며 칭찬을 했다.

　"어머~ 예쁘다. 당신은 진짜 로맨틱한 사람이에요. 고마워요."

　역시나 싱글벙글했다. 그래서일까? 남편은 지금도 무슨 때만 되면 꽃 선물을 즐겨 한다.

　남녀 사이에 한 번의 칭찬은 백 번의 투정보다, 열 번의 잔소리보다 훨씬 더 강한 힘을 발휘한다. 칭찬의 힘은 마술 같아서 상대방을 내가 원하는 방향으로 움직이는 데 탁월한 효과가 있다.

　결혼해서 남편이 설거지를 하는데 그릇은 그런 대로 깨끗이 씻지만 싱크대 사방팔방으로, 어떤 땐 바닥까지 물이 튀어서 지저분했다. 남편은 도와주려고 한 일이지만 뒷마무리는 꼭 내가 해야 했다. 이럴 거면 차라리 내가 설거지하는 게 더 낫겠다 싶어 화가 날 때도 있다. 하지만 이때도 "으휴, 좀 조심히 하라구욧!" 하고 잔소리하는 것보다 웃으면서 "우리 남편 어쩜 이리도 설거지를 잘할까? 근데 다음번엔 뒷마무리까지 잘하면 더 완벽하겠네~" 하고 말하는 게 더 효과적이다.

게다가 칭찬을 했더니 예상치 않던 '덤'까지 생겼다. 별로 싸울 일이 없다는 것 하나와 다른 하나는 남편이 내가 하는 말이면 무조건(?) 끄덕이며 협조한다는 것이었다.

내 남자, 초장에 잡는 법

하루는 〈야심만만〉에서 어떤 설문조사를 할까 회의를 하는데 누군가가 "내 남자(연애 또는 결혼에서) 초장에 잡는 법?"이란 질문을 해보자고 제안했다. 우리 팀에서 절반의 사람들은 과연 그게 재미있는 결과가 나올까 하며 고개를 갸웃거렸다. 하지만 난 무조건 해보자며 찬성했고, 내 '칭찬하기'의 신비한 효능에 대해 설명했다.

그렇게 해서 여자 5,000여 명한테 설문조사를 했다. 재미있는 건 꽤 많은 여자들이 '칭찬하기' 기술을 사용하고 있었다는 사실이다.

대체 왜 남자를 초장에 잡고 길들여야 할까?

그것은 마치 로봇 다루듯이 그를 내 뜻대로 조정하기 위해서가 아니다. 그의 인격을 무시해서도 아니다. 서로 다른 두 사람이 '사랑'이라는 매개로 만났으나 서로 다른 것은 어쩔 수 없어서 매번 부딪힐 수밖에 없다. 이때 '틀린' 게 아니라 '다르다'임을 명심하라. 이렇게 부딪힐 때마다 싸워서 상처를 주고받지 않으려면 정신연령이 조금 더 높은 우리 여자들이 (남자들이여, 미안!) 지혜롭게 사랑을 다져 나가야 한다는 의미에서 남자를 초장에 잡자는 얘기다.

범고래에게 점프하라고 다그치면 분명 스트레스 받아서 주눅 들 것이다. 그러니 채찍보단 당근을 써 보자. 단단한 막대기는 충격에 부러져도 가느다란 회초리는 휘기만 할 뿐 부러지지 않는다고 한다. 때로 말랑말랑한 것이 강한 걸 이긴다. 자기 남자가 주눅 든 것보다 춤추는 걸 원한다면 칭찬을 많이 하기 바란다.

도통 속을 알 수 없는 양파 같은 여자가 있었어. 근데, 남자들은 그런 그녀가 신비스럽게 느껴진다면서 절절매더라구. 방귀도 안 낄 것 같다나 뭐라나. 진짜는 결혼해서 보여 줘도 늦지 않아. 신비주의도 나쁘지 않아 보여.

Chapter 31

둘 사이에
비밀을
만들지
않는 방법

일단 체크부터.

Q 당신은 연애할 때 주로?
  1 애인의 일거수일투족을 감시하는 편이다.
  2 연인이라도 프라이버시는 지켜 줘야지, 존중하는 편이다.

남동생이 철없던 사춘기 시절에 오토바이에 한눈을 판 적이 있다. 지금은 어떤지 모르지만, 20년 전에는 남학생들 사이에서 오토바이 타기가 유행이었던 것 같다. 어느 날 남동생이 야간 자율학습을 끝내고 친구 오토바이를 타고 들어오는 걸 동네 아주머니가 우연히 보고는 엄마한테 얘기했다.

나는 지금까지 엄마가 그렇게 화내는 걸 본 적이 없다. 남동생은 두 손을 싹싹 빌며 다시는 오토바이를 타지 않겠노라고 약속, 또 약속을 했다. 그 후 엄마가 수시로 남동생에게 오토바이를 타는지 물었고 그때마다 남동생은 절대 안 탄다고 대답했다.

그러던 어느 날 아침이었다. 엄마의 놀라는 목소리가 온 집안에 울려 퍼졌다. 동생이 친구한테 빌린 오토바이를 타고 등교하려다 몇 미터 못 가 오토바이가 미끄러졌고, 동생의 한쪽 교복 바지가 헐크처럼 찢어져서 들어왔던 것이다.

다행히 남동생은 전혀 다치지 않았고, 그날 이후로 오토바이를 쳐다보지도 않게 되었다. 어쨌든 그동안 남동생이 오토바이 안 탄다고 했던 것은 거짓말로 판명되었다. 엄마가 너무 무서워서 그럴 수밖에 없었다는 게 남동생의 변명 아닌 변명이었다.

살다 보니 남자들에겐 내 동생과 똑같은 공통점이 있다는 걸 종종 발견하게 된다.

첫째, 하지 말라 강요하면 자꾸만 더 하고 싶다는 것!
둘째, 무섭게 몰아붙이면 거짓말을 한다는 것!
직장생활에서 위의 두 가지 연애 공식을 배웠다.

처음 방송작가를 시작했을 때 팀 분위기가 너무 좋아서 일도 재미있었고 사람들도 너무 좋았다. 때문에 일할 때는 열심히, 친목 도모할 때는 즐겁게 할 수 있었다. 당시 남자 피디 중 한 명이 대학교 때 결혼해서 벌써 아이가 있었다. 당시 20대 후반의 나이였는데, 지금 생각해 보면 어린 나이에 가정을 꾸린다는 게 쉬운 일이 아니었을 것 같다. 한창 연애하고 친구들과 어울려 놀러 다닐 나이에 그는 집에서 기다리는 아내와 아이 때문에 퇴근하면 곧바로 집으로 직행했다.

그런데 문제는 회식이었다. 가끔 회식을 하는 날이면 그리 늦은 시간이 아닌데도 그의 아내가 거의 10분에 한 번꼴로 전화해서 빨리 들어오라고 다그쳤다. 그의 아내 역시 어린 나이에 결혼해서 아이를 낳았으니 육아가 많이 버거웠을 것이다. 그런 까닭에 그녀는 매일 남편이 일찍 들어오기만을 손꼽아 기다렸다.

아내가 전화하면 대충 이런 흐름으로 두 사람의 상황이 전개된다.

1. 처음 몇 통은 전화를 받아서 일찍 들어간다고 약속을 한다.
2. 하지만 피디는 회식 자리에서 매번 혼자 일어나는 게 눈치 보여서 계속 앉아 있는다.
3. 아내는 쉬지 않고 계속 전화를 건다.
4. 그러면 그는 전화 안 받기 단계로 넘어간다.
5. 전화를 안 받아 화가 난 아내는 3분에 한 번꼴로 전화를 한다.
6. 그는 짜증을 내며 배터리를 빼 버린다.

이런 일이 반복되면서 그는 아내에게 거짓말을 하기 시작했다. 분명히 회식 자리인데도 편집하고 있다고, 회의 중이라고, 늘 일한다고 거짓말을 하는 것이었다. 그러면 아내는 일하는 남편을 재촉할 수 없으니까 포기하고 더 이상 전화를 걸지 않는다.

그 피디와 같은 처지의 남정네들을 사회생활하면서 많이 목격했다. 그들의 아내나 애인은 남편이나 애인이 회식 때문에 늦게 귀가하는 걸 이해하지 못했다. 그녀들이 애초에 이해할 생각을 하지 않으니 그들이 선택한 방법은 일하고 있다고 거짓말하는 것이다.

그리고 공식적으로 회식을 하지 않는 날이면 그들은 주변 사람들과 어떤 약속이든 잡아서 밥을 먹든, 영화를 보든, 즐기고(?) 싶어 했다. 그녀들이 친구들과 만나지도 못하게 하고 회식도 제대로 못하게 하니까 그들은 더더욱 반항아처럼 '하고 싶어' 하는 것이다.

그런 몇몇 남자들을 보면서 결심했다.

'내 남자에게 자유를 주리라. 그를 이해하리라.'

그래야 둘 사이가 더 투명하다는 걸 배웠기 때문이다.

일찍 퇴근하라고 강요하면 사람 심리가 일찍 들어가는 걸 아쉬워한다. 집에 빨리 들어가서 두 다리 쭉 펴고 누우면 더 편한데도 왠지 그러고 싶지 않은 것이다.

친구 중에 남자친구가 누굴 만나는지, 뭐 하는지 종종 감시하는 친구가 있었다. 그녀의 취미와 특기는 남자친구 위치 추적이었다. 나중엔 그 남자, 아예 휴대폰을 꺼놓았고 이어지는 순서는 둘의 싸움이었다.

남자를 확실한 내 남자로 만든다는 건 그의 마음을 잡는 것이다. 그의 마음이 다른 데 가 있으면 아무리 손잡고 팔짱 끼고 다녀 봐야 소용이 없다. 그저 빈껍데기일 뿐이다.

그의 주변 여자들이 신경 쓰이면 속으로는 좀 불안해도 오히려 그냥 내버려두길 권한다. 그가 A양을 만나든, B양을 만나든 쿨하게 넘기면 그는 여자를 만나기 위해 애써 거짓말을 만들지 않을 것이다.

그가 회식을 빨리 끝내고 그대에게 오길 바라는가? 그렇다면 오히려 "즐겁게 놀구 조심히 와" 하고 말해 줘라! 그러면 그는 회식하면서 일한다는 거짓 핑계는 절대 대지 않을 것이다. 그를 믿고 이해해 줄 때, 그는 그대가 너그러운 여자라고 생각하게 될 것이고, 그대가 그에게 보낸 신뢰에 힘이 날 것이다. 그러면 어떤 상황이 닥쳐도 그는 거짓말하지 않는다. 왜냐하면 그대가 너그러우니까, 잘 이해해 줄 거라 믿으니까.

남자를 확실하게 그대 편으로 만들고 싶다면 그에게 '난 너를 이해하고 믿는다!'는 신호를 계속 보내기 바란다. 이것이 내가 사회생활에서 터득한 연애의 기술이다.

남자는 아이랑 똑같아. 해라, 하지 마라, 계속 잔소리하면 반항심만 커져.
남자를 그대 마음에 맞게 요리하려면 일단 집착은 금물이야.
'잘한다, 잘한다~ 울 아기' 하고 얼러 줄 때 신나서 그대에게 올인한다구.

결혼하기 전에

그의 인생관과

비전이

그대와 같은지

따져보았으면

좋겠어.

부부가

인생의 같은 방향을

보는 것만큼

행복한 일은

없을 거야.

PART 5

男과 女, 상상과 현실의 틀린 그림 찾기

Chapter 32

야무진
그 이름
'아줌마'

1. 아침에 눈을 뜨면 제일 먼저 그의 얼굴이 떠오른다. 너무 보고 싶다. 하트 뿅뿅뿅 넣은 닭살스런 애교 문자라도 하나 날린다. 거기에 혀 짧은 소리와 함께.

2. 그를 만나러 가는 길은 콩닥콩닥 마냥 설렌다. 약속 장소인 카페에 들어가기 전 유리문에 전신을 비춰 보면서 옷매무새를 다시 살피고, 머리를 매만지고, 입술에 립글로스도 살짝 다시 바른다.

3. 그와 영화를 보러 간다. 슬픈 장면에선 가슴 따뜻한 여자라는 걸 알리고 싶어서 눈물도 좀 흘려 주고, 무서운 장면에선 씩씩함은 감추고 악~ 깜짝 놀라며 얼굴을 가린다.

4. 데이트를 끝내고 그가 집 앞까지 데려다 준다. 그가 얼른 들어가라고 한다. 하지만 나는 가는 거 보고 들어가겠노라고 먼저 가라고 한다. 그는 나부터, 나는 그부터 서로 먼저 들어가라고 하다가, 하나, 둘, 셋, 동시에 돌아서자고 합의한다. 하나, 둘, 셋~! 그러나 둘 다 돌아서지 않는다. 왜냐하면 헤어지는 게 너무나 아쉬우니까.

5. 집에 돌아와서도 전화 통화로 밤이 새는 줄 모른다. 헤어진 지 한 시간밖에 안 됐는데도 돌아서자마자 보고 싶다는 멘트를 서슴지 않고 날린다.

6. 결국 둘은 헤어지는 아쉬움을 없애고자 결혼을 결심한다. 너무 사랑해서, 헤어지기 싫어서, 평생 함께하고 싶어서.

대부분의 남녀는 이런 이유가 극에 달하면서 결혼을 결심하게 된다. 그리고 생각한다. 결혼해서 평생 함께하면 너무나 행복할 거라고. 평생 깨소금 냄새 폴폴 풍기며 살 거라고. 매일 함께하는 것만으로도 배부를 거라고.

이쯤에서 잠깐, 아줌마들의 생각을 들어 보기로 하자. 실제로 아줌마 200여 명에게 물었다.

Q 남편에게 더 바라는 것은?
1 매일 저녁 일찍 들어와 함께 밥 먹었으면.
2 저녁밥은 먹고 들어왔으면.

결과는~ 당연히 예상하셨을까? 2번 '저녁밥은 먹고 들어왔으면'이다.

연애할 때는 함께하는 시간의 1분 1초도 아깝고, 당장에 결혼해서 매일 같은 식탁에서 까르르 웃으며 밥 먹으면 좋을 것 같은데… 막상 결혼해 보면 머지않아 깨닫게 된다. 남편이 저녁밥 먹고 들어온다고 하면 그날 저녁은 곧 자유고 여유라는 사실을.

이게 결혼생활의 현실이다.

결혼생활에는 노천카페에서 먹는 듯한 브런치에 손잡고 산책을 즐기는 여유로움만 있는 건 아니다. 서로 방귀도 안 트고, 생얼은 절대 비밀, 평생 신비주의 전략을 결코 유지할 수 없다. 연애할 때 상상하던 뽀샤시한 핑크빛이 늘 피어나는 건 아니다.

분명히 둘이 사랑해서 결혼해도 언제든 웃는 날만 있는 것은 아니다. 행복하고, 달콤하고, 많이 웃기도 하지만 한편으론 현실적인 문제들을 해결하느라 지칠 때도 있다. 이게 현실이다.

그래서 '결혼'과 '동거'는 다르다.

동거를 찬성하는 사람들은 흔히 "섣불리 결혼해서 이혼하는 것보다 동거해서 미리 살아 보면 상대방과 결혼하는 게 맞을지 아닐지 알 수 있을 것이다"고 말한다. 그런데 솔직히 난 이 이유가 반드시 맞다고 생각하지 않는다. 왜냐하면 '결혼'과 '동거'는 한 집에서 산다는 것 말고는 많은 부분에서 다르기 때문이다.

동거하는 커플들을 보면 생활의 중심에 오직 그들만 있다. 서로의 가족에 대해 생각할 의무도 없고, 명절이나 무슨 때를 챙겨야 할 필요도 없으며, 통장을 공유할 필요도 없다. 그냥 연애하는 거랑 마음가짐이 똑같다. 다만 한 집에 살다 보니 상대방이 깔끔한지 지저분한지, 집안을 잘 정리하는지 정도를 더 잘 파악할 수는 있다. 하지만 그 사실만으로 결혼생활 전부를 안다고 할 수는 없다.

결혼생활에는 그보다 더 복잡하고 미묘한 문제들이 많다. 신경 쓸 일도 많다. 그래서 결혼은 사랑의 완성이 아니라 또 다른 시작이라고 말하는 것 같다.

줄줄이 소시지처럼 '결혼'과 '동거' 이야기를 늘어놓는 이유는 동거가 좋네 아니네를 논하려는 게 아니다. 결혼이란 단지 한 공간에서 산다는 걸 의미하지 않으며, 두 사람이 평생 동안 힘을 합쳐 헤쳐 나가야 할 문제들이 생각보다 훨씬 많다는 걸 말하려는 것이다.

결혼생활에서 중요한 사람은 곧 '아줌마'가 될 그대다. 그대의 야무진 손끝이 깔끔한 살림을 만들어 내고, 야무진 마음에서 아름다운 가정이 만들어지기 때문이다. 성경은 '남편은 아내의 머리됨'이라 했는데 어떤 목사님이 이를 두고 이렇게 해석하셨다. 머리를 움직이는 건 바로 아내라고. 그만큼 아내의 역할이 가정에서 중요하다는 얘기다.

결혼생활이 뽀샤시한 핑크빛일 거라고 기대하고 있는가? 그런 마음가짐으로 결혼한다면 조금만 힘든 일이 생겨도 투정부릴 일이 수두룩할 것이다. 그러므로 현실적인 문제들을 직시하고 고민하며 결혼을 준비해야 한다. 이것은 야무진 아줌마가 될 그대의 미션이다.

그리고 분명히 그대는 야무진 아줌마가 되리라 믿는다. 그대는 서른의 문턱을 넘어 속이 꽉 차고 영글어졌으니까. 나이가 숫자에 불과한 건 맞지만 그래도 나이 들수록 세상의 맛을 알고 현명해지는 건 어쩔 수 없는 진리인 것 같다.

결혼생활은 연애만큼 설레진 않아. 그래서 연애 시절을 그리워하기도 하지만 결혼은 고무줄 바지 입고 양푼에 비빔밥 먹는 맛이 또 있어. 그만큼 편하거든. 관점에 따라 행복해질 수도 있고 불행해질 수도 있는 거 같아.

Chapter 33

넝쿨째 굴러온 시댁, 어떻게 할까요?

다시 생각해 볼 시간이 돌아왔다. 딱 두 개의 상황밖에 없다는 전제하에 하나를 선택해 보길.

Q 어떤 남자와 결혼하겠는가?

1 집이 부자인 남자.
 대신 하나부터 열까지 사사건건 간섭하는 시댁 식구가 있다.

2 월급 말고는 딱히 돈 나올 구멍이 없는 남자.
 대신 시댁이 비행기 타고 2박 3일은 갈 만큼 아주 멀리 떨어져 있어서 1년에 한 번 볼까 말까 한다.

각각의 보기가 너무 극단적이어서 살짝 황당하겠지만 그래도 굳이 선택한다면 어느 쪽으로 더 마음이 기우는가?

이건 예전에 내가 했던 모 프로그램에서 미혼녀 10명에게 직접 물어본 질문이다. 결과는 70% 이상이 2번을 선택했다.

돈이 아쉽긴 해도 젊으니까 함께 열심히 벌면 되지 않겠냐, 돈 때문에 시댁에 구속당할 순 없다, 아무리 사랑해도 집안 문제로 싸우기 시작하면 금이 가더라, 뭐 이런 내용들이 그녀들이 2번을 선택한 이유였다. 이 의견에 동의하는가?

30대 중반에서 이제 후반으로 들어선 노처녀 후배가 있다. 미모도 있고 꽤 괜찮은 전문직 여성이지만 편의상 골드미스 대신 그냥 노처녀라 부르겠다.

그녀의 '남편감 제1조건은 절대 장남은 안 된다'이다. 그녀가 그런 조건을 내세운 데는 이유가 있었다.

엄마가 평생 시댁, 그녀의 아빠 쪽 식구들 때문에 너무나 고생이 심했기 때문이다. 형제들도 많은데 아빠가 장남이어서 집안에 대소사가 며칠에 한 번씩 있을 정도였고, 무슨 일만 있으면 경제적인 지원까지 장남인 아빠가 해야 했다고 한다. 그래서 그녀 엄마와 아빠의 부부 싸움 내용은 늘 시댁 문제였다.

그걸 보고 자란 그녀는 시댁 문제로 불거지는 싸움들이 너무나 싫었다. 그리고 그녀의 엄마조차 딸에게 "넌 절대 장남한테 시집가지 마라"고 말씀하셨다.

 소개팅이든 그녀를 좋다고 쫓아다닌 남자든 모두 장남이 아니길 바랐다. '장남'이라는 얘기만 들으면 서로 알아 가기도 전에 일단 마음을 접었다.

 한번은 성품도 좋고 조건도 좋은 한 남자가 그녀에게 구애를 펼쳤다. 어찌나 지극정성인지 옆에서 보는 내가 다 감동일 정도였다. 그녀 역시 그런 구애에 넘어갈 수밖에 없었다. 한동안 잘 만나는 듯했다. 그대로 잘 만 한다면 두 사람은 결혼에 골인할 것 같았다. 그런데 그녀의 발목을 붙잡는 결정적인 이유가 있었다. 바로 남자가 홀어머니와 사는 외동아들이라는 사실이었다.

 그 남자가 진지하게 결혼 이야기를 꺼내기 시작하면서 자신의 신부감 제1조건은 자기 어머니를 모시고 시댁에서 함께 사는 것이라고 했다. 제2조건도 아니고 제3조건도 아닌 제1조건이 그랬으니 장남을 피하고 싶어 하는 그녀의 제1조건과 당연히 충돌이 일어날 수밖에. 결국 그 둘은 헤어졌다.

 그런데 아이러니한 건 5년이 지난 현재 그녀의 반응이다. 지금까지 자기 인생에서 그렇게 자기를 좋아해 주고 괜찮은 남자는 없었다나? 그 후로 만나 본 남자들은 그 사람 발밑에도 못 미친다고 했다. 자신이 삼십대 후반의 노처녀가 돼서 애인도 없이 지낼 줄 알았다면 그때 좀 이해해 볼 걸 후회가 된다고 했다.

 물론 나는 5년 전 그와 헤어졌던 그녀의 마음을 당연히 이해할 수 있다. 엄마가 고생하는 모습을 보면서 그녀가 얼마나 안타까웠을지, 그래서 그렇게도 장남을 거부할 수밖에 없었던 그녀의 마음을 이해한다.

시월드를 향한 느림의 미학

결혼한 여자들은 알겠지만 남편의 가족들과 잘 지낸다는 거 쉬운 일 아니다. 나 역시 그랬고 내 주변의 여자들 역시 그렇다. 노력이 필요한 일이다.

'한 남자'를 바라보고 그가 좋아서 결혼했는데 그와 연결된 모든 사람들을 한순간에 '가족'이라는 이름하에 받아들여야 한다는 사실을 나는 결혼 초반엔 받아들이기 어려웠다. 보통 '친구' 관계도 몇 달 정도 부대끼며 지내 봐야 서로의 성격도 파악하면서 친해지는 건데 남편의 가족은 결혼식과 동시에 바로 '가족'이 되어 '우리는 하나'를 강요하니 당연한 일이다.

그런 까닭에 '시월드' 문제만 끼면 남편과 부딪혔다. 서로 다른 환경에서 살던 두 사람이 하나로 엮여져야 하니 그 과정에서 부딪히고 싸우는 것은 당연하다.

그런데 돌이켜 보면 우리는 성급했다. 서로 가족으로 엮이려면 은근히 뜸을 들여 익을 때까지 기다려야 하는데 그때는 그걸 미처 알지 못했다. 남편은 결혼한 순간부터 내가 자기네 가족과 수십 년 함께 산 구성원처럼 되기를 바랐고, 난 그런 남편이 "우리 집에 잘해"라고 강조하는 것 같아 부담스러웠다.

그렇게 몇 년을 지내면서 깨달았다. '가족'이라는 이름이 아니라 마음으로도 '가족'이 될 때까지 기다려 주어야 한다는 사실을.

그랬더라면 부딪치는 일이 줄었을 텐데….

그랬더라면 상처 받을 일도 없었을 텐데….

대부분의 여자들은 신혼여행에서 돌아와 시댁에 인사드리러 가면서부터 당황하기 시작한다. 며느리라는 이유 하나로 현실은 불과 일주일 전과 확연히 달라지기 때문이다. 그런데 대부분의 부부가 결혼 전 이 부분에 대해 진지하게 얘기를 나누지 않는다. 그래서 부부간의 갈등은 기다렸다는 듯이 곧바로 찾아온다.

얼굴도 모르고 이름도 모르지만 같은 여자로서, 아내로서 난 그대를 응원하고 싶다. 그래서 그대는 나와 같은 실수를 하지 않기를 바란다. 그대가 시월드 문제로 갈등하는 수많은 아줌마들처럼 아파하지 말았으면 좋겠다.

그래서 당부하는데 결혼 전에 미래의 남편과 서로 한 발씩만 양보해서 기다려 달라고 얘기하는 시간을 꼭 가졌으면 좋겠다. 크기의 차이가 있을 뿐 시월드 문제로 부딪힐 일이 분명히 생기게 마련이다. 며느리가 딸처럼, 사위가 아들처럼 완벽하게 동화되는 건 성급한 욕심이라고. 용돈을 드리고 선물을 하는 물질적인 문제가 아니라 '마음 상태'가 그렇게 되는 데까진 시간이 걸린다고 말이다.

　결혼 후 시월드 문제로 의견이 어긋날 때 어떻게 하면 서로 상처 받지 않고 잘 조율할 수 있는지에 대한 의견도 미리 나누기를 바란다.

　여기에 또 하나.

　그대에게 '편안한 마음'을 달라고 주님께 기도했으면 좋겠다. 시월드 하면 무조건 까칠하고 날카로운 마음으로 왜곡해서 바라보지 않도록 말이다. 그것이 오히려 부메랑처럼 돌아와 그대를 아프게 갉아먹을 것이기 때문이다.

　행복한 아내, 행복한 며느리가 될 그대를 위하여 아자, 아자다!

솔직히 '남편'이라는 존재가 끼지 않는다면 시월드랑 옆집이랑 뭐가 달라?
그걸 남편이 안다면 아내가 며느리로 열심히 노력하는 게
얼마나 힘들고 예쁜 일인지 잘 이해할 수 있겠지.
그런데 그걸 인정할 줄 아는 남정네가 있을까!!

'가족'이라는 이름이 아니라
마음으로도
'가족'이 될 때까지
기다려 주어야 한다는 사실.

Chapter 34

사랑은

같은 방향을
바라보고
걷는 것

이미 결혼했다고 가정한 후에 생각해 보기를.

Q 만약 남편이 회사 때려치우고 사업하겠다 선언한다면?
　1 얼마 안 되더라도 안정적인 월급쟁이가 낫지. 결사반대한다.
　2 그가 원한다면 기꺼이 고생길이 보이더라도 찬성한다.

솔직히 이건 정답이 없다. 마인드에 따라 선택이 달라질 테고 거기에 따르는 과정과 결과 역시 각자의 몫이니까. 이건 내가 아는 어떤 부부의 실제 상황이다.

그 집 남편이 어느 날 20여 년 잘 다니던 직장을 그만두고 사업을 하겠다고 선언했다. 가장이 직장을 하루아침에 때려치운다고 하니 아내로선 당황스러웠을 것이다. 맞벌이 부부였기에 아예 손가락 빨 정도로 굶을 상황은 아니었지만 아이들이 자랄수록 교육비며 생활비가 늘어나서 수입이 반토막 날 경우 가정경제도 휘청할 게 뻔했다.

그럼에도 불구하고 아내는 남편의 뜻에 따랐다. 대판 싸우고 나서 어쩔 수 없이 따른 게 아니라 처음부터 순순히 그랬다. 그녀가 그럴 수 있었던 건 바로 남편과 아내의 인생관, 비전이 같았기 때문이다.

그 집 남편은 결혼 전부터 40대가 되면 자신의 전공을 살려 꼭 사업을 해보고 싶다고 말해 왔다. 아내 역시 그런 남편의 뜻에 찬성했다. 그랬기에 남편의 사업 선언을 기꺼이 지지할 수 있었던 것이다. 가정경제가 반토막 나는 것을 감수하고서라도 말이다.

나는 부부는 이래야 한다고 생각한다. 사업을 하든 월급쟁이를 하든 정답은 없지만 서로 의견이 다르면 사업도 시작하기 전에 벌써부터 시끄러워질 수밖에 없다. 하지만 두 사람의 인생관, 비전이 같을 땐 설사 어려움이 닥치더라도 둘이 손잡고 헤쳐 나갈 수 있다.

결혼하기에 앞서 그의 인생관, 비전이 자신과 같은지 꼭 따져 보았으면 좋겠다. 단순히 결혼식 올리고 한 집에서 산다고 결혼생활을 하는 것이 아니다. '님'이라는 글자에 점 하나만 찍으면 '남'이 된다는 노랫말처럼 부부 이전에 서로 '남'이었던 두 사람이 살다 보면 서로 의견 조율할 일이 수십, 수백 가지다. 치약을 중간부터 쓰네, 끝부터 쓰네 하는 사소한 문제들이야 적당히 이해하고 넘어간다 치더라도 인생의 비전이 다른 문제는 적당히 타협할 수 있는 사안이 아닌 것이다.

이들 부부는 결혼 전에도 비전을 나누었지만 결혼을 하고 나서도 저녁에 잠자리에 들어 두런두런 이야기를 나눌 때면 꼭 빼지 않고 그 꿈을 나누었다고 한다. 그렇게 나눈 이야기들이 오랫동안 잠들어 있다가 20여 년이 지난 후에 싹을 피운 것이다. 비전과 꿈이 바로 이뤄지는 것이든 늦게 이뤄지는 것이든 중요한 것은 부부가 함께 비전을 나누고 공유했다는 것이다.

지금 그대가 결혼하고 싶은 그 누군가를 만나고 있다면 진지하게 서로의 비전에 대해 충분한 대화를 나누기 바란다. 혹여 서로 가려는 방향이 너무 달라 목소리가 커지고 감정이 상하더라도 꼭 풀고 갔으면 좋겠다. 혼인 서약 후에 부딪히면 그땐 더 심각한 사태를 가져올 수도 있다.

예전에 인터뷰에서 차인표 씨가 자기 부부의 비전에 대한 이야기를 했다. 차인표 씨와 신애라 씨가 결혼할 때는 두 사람의 비전이 달랐다고 한다. 신애라 씨가 봉사에 대한 비전이 있어서 휴식기가 생기면 봉사를 하러 나갔지만 차인표 씨는 그와 달라서 쉴 틈이 주어지면 해외여행을 다녔다.

그런 그가 우연한 기회에 국제어린이양육기관인 '컴패션'과 함께 해외 봉사를 다녀온 후 아내의 비전을 100% 이해하게 됐다. 아내의 비전을 자기의 비전으로 동일시한 뒤 그들 부부에겐 전 세계 100여 명의 자녀가 생겼다. 그런데 이보다 더 큰 축복은 두 사람이 느끼는 행복의 크기가 그 전보다 훨씬 더 커졌다는 것이다.

맞다. 부부가 같은 방향을 쳐다본다는 거 행복한 일이다. 그대도 이런 행복을 미리 준비하고 결혼했으면 좋겠다.

결혼해 보면 입에 자장면을 묻히고 먹네 아니네 하는 사소한 문제로도 수십 번 토닥거리게 되거든. 그래도 함께 웃으며 살 수 있는 건 서로에 대한 끈끈한 감정, 그리고 함께 보고 있는 미래 때문이라는 걸 알았으면 해.

결혼하기에 앞서
그의 인생관,
비전이 자신과 같은지
꼭 따져 보았으면 좋겠다.

마무리 수다

그대의 봄날,
이제 시작이다

자, 준비한 이야기들은 이제 끝났다.

몇 년 일찍 결혼한 자격으로 그대에게 길고 긴 얘기들을 늘어놓았다. 남들은 저렇게 쉽게 연애도 하고 결혼도 하는데 왜 나만 이렇게 힘든 거야 하는 당신의 심정, 과거에 내가 겪어 봐서 또 나와 친한 선후배들이 겪는 일이어서 백분 공감하기에 마치 내 동생 대하듯 그대에게 긴 수다를 떨었다. 이 땅을 살아가는 평범한 아줌마로서, 보통의 언니로서 감히 그대에게 조언이란 걸 했는데 부디 기분 나쁜 잔소리가 아니라 따뜻한 위로였기를 바란다.

첫 장부터 끝장까지 읽느라 고생이 많았다. 그리고 무엇보다 감사하다. 앞에서도 말했듯이 그대가 나이 때문에 작아지지 말았으면 좋겠다.

그 나이 때문에 그대는 어린 여자들보다 더 인생을 알고,
산다는 게 어떤 건지 잘 아는,
그래서 삶을 대하는 태도가 아름다운 성숙한 여인이 되었다.
그렇기 때문에 그대는 여전히 예쁘고 매력적이다.

"치, 대여섯 살 늦게 결혼한다고 뭐 대순가? 나이 그까이꺼 뭐!"

이렇게 한마디 외치고 혹시 그대를 둘러싸고 있을 우울함, 낮은 자존감, 자포자기의 심정 등을 훌훌 털어버리기 바란다. 기죽지 말고, 어깨 쭉 펴고, 고개 꼿꼿이 들고 다녔으면 좋겠다.

남들에게 이미 찾아온 봄날이 그저 그대에겐 조금 늦게 찾아오고 있는 것일 뿐이다. 남들은 얼떨결에 봄을 맞아서 실수하고 놓쳤을 일들을 지금 그대는 꼼꼼히 준비하고 기다리고 있기에 오히려 더 잘 보낼 수 있다. 등불에 기름을 준비하고 예수님을 기다린 예쁜 처녀들처럼.

자, 그대의 눈부신 봄날이 서서히 다가오고 있다. 늦어서 더 매력적인 그대가 사랑스러운 모습으로 그 봄날을 행복하게 맞았으면 좋겠다. 행운을 빈다. 진심으로!